Alina Krotova, Elena Abramova, Evgeny Lisin, Wadim Strielkowski

Кротова А.О., Абрамова Е.Ю., Лисин Е.М., Стриелковски В.

Strategic planning in education

Стратегическое планирование в образовании

Charles University in Prague, Faculty of social sciences

Карлов Университет в Праге, Факультет общественных наук

Charles University in Prague, Faculty of social sciences
Карлов Университет в Праге, Факультет общественных наук

Reviewed by:
Рецензенты:

Ing. Inna Čábelková, Ph.D., Charles University in Prague
Инна Чабелкова, доктор наук, ведущая образовательного модуля
Fakulta humanitních studií, Univerzita Karlova v Praze, Center for Economic Reasearch and Graduate Education and Economic Institute (CERGE-EI)

Dr. Igor Alikperov, Ural State Pedagogical University
Игорь Аликперов, кандидат экономических наук, доцент, кафедра теории и практики управления организацией, Института кадрового развития и менеджмента, Уральский государственный педагогический университет

Dr. Zinaida Vozgova, Chelyabinsk State Pedagogical University
Зинаида Возгова, Челябинский Государственный Педагогический Университет, Институт Дополнительного Профессионального образования

ISBN 978-80-87404-44-7

104 pages/104 страницы
Подписано в печать: 30.09.2013
Тираж 300 экземпляров. Заказ № 03/13

Prague 2013
Прага 2013

Оглавление

1. Предисловие

В эпоху глобализации и молниеносных изменений на мировой арене стратегическое планирование образования является важнейшим элементом роста его конкурентоспособности на рынке образовательных услуг.

Несмотря на то что Российская Федерация является одной из крупнейших стран мира и бесспорным лидером в Евроазийском регионе, российская система образования имеет много устаревших методов и подходов, которые существенно снижают ее эффективность. В то же время сосед и стратегический партнер России – Европейский Союз (ЕС) – уделяет развитию управления организаций много внимания, понимая, что от этого зависит его конкурентоспособность.

Именно поэтому изучение новых методов стратегического планирования в сфере образования является приоритетом для ВУЗов как в Российской Федерации, так и в других странах и регионах мира.

Сегодня в работе институтов высшего профессионального образования как никогда востребованы методы стратегического планирования, концептуального анализа и проектирования. Вузы ориентируются на выработку инновационных стратегических решений по становлению и развитию университета как современной системы, встроенной в стратегию социального, экономического, политического и общественного развития территорий, с налаженными механизмами взаимодействия с производственным сектором, бизнесом, местной властью и обществом.

Для повышения конкурентоспособности вузы вынуждены переходить из режима традиционного функционирования - воспроизводства налаженных программ, учебных планов и образовательных технологий, в режим инновационного развития. Инновационное развитие университета предполагает не только подготовку специалистов в соответствии с требованиями рынка, но и генерацию новых идей, разработку прорывных технологий, что требуют социально-практические ситуации современной экономики. Поэтому реализация концепции инновационного университета требует от институтов высшего профессионального образования не только совершенствования организационно-функциональной структуры, но и модернизации системы управления университетом.

На сегодняшний день в системе образовательного менеджмента существует множество моделей организационного развития. Проблема состоит не только в том, чтобы придумать что-то новое для системы эффективного управления высшей школой, но также в доведении разработанных моделей до внедрения в практику, придав им состояние гарантированной устойчивости применения и «статусности». Это означает, что любая новая модель, способствующая эффективному управлению и развитию университета, должна иметь методический инструментарий, с помощью которого она может быть использована и внедрена в практику любого высшего учебного заведения.

В данной работе в качестве инновационной схемы планирования и управления вузом выбрана система стратегического планирования и система сбалансированных показателей (ССП). Выбор данной схемы обусловлен тем, что стратегическое планирование позволяет руководству вуза получить ответы на следующие вопросы в области обучения и научно-исследовательских работ:

- границы рынка, на котором конкурирует и способен конкурировать вуз: региональный, национальный или международный;
- ключевые конкурентные преимущества вуза: обучение, исследования мирового уровня, прикладные исследования, взаимодействие с бизнесом и др.;
- определение областей и направлений деятельности, в которых вуз является лидером;
- прогноз изменения ключевых факторов внешней среды,

влияющих на устойчивость положения вуза, в среднесрочной перспективе (до пяти лет);

- целесообразность изменений в позиционировании вуза: следует ли выходить на новые рынки или отказываться от каких-то видов деятельности.

ССП позволяет университету:

- связать стратегические цели с оперативными действиями по реализации стратегии;
- учесть нефинансовые показатели (наряду с финансовыми) для оценки деятельности, связанной с нематериальными активами и информацией;
- своевременно реагировать на несоответствующие изменения в бизнес-процессах посредством выявления показателей, измеряющих достигнутые результаты и отображающих процессы по достижению этих результатов.

Выделение в миссии с помощью ССП составляющих общей цели обеспечивает реализацию стратегии, приводит к формированию конструктивных целей, перечня функций и списка задач. Основная идея формирования ССП заключается в выражении стратегических целей университета через систему показателей эффективности достижения целей. Система показателей является своеобразной системой координат, в которой цель формулируется в виде целевых значений показателей, а стратегический план строится как траектория движения к цели во времени.

Концептуально-теоретические и методологические разработки совершенствования управления в сфере услуг высшего образования базируются на трудах российских и зарубежных ученых.

Существенный вклад в теорию управления внесли П. Друкер, Э. Мейо, М. Мескон, Д. Нортон, С. Оптнер, Ф. Тейлор, А. Файоль и др.

В последние годы российские вузы осознали необходимость

стратегического управления. Появилось немало работ, посвященных стратегическому управлению университетов, в которых авторами (А.О. Грудзинский, А.Ю. Деревнина, С.А. Запрягаев, А.К. Клюев, Е.А. Князев, Н.П. Макаркин, Г.И. Мальцева, Д.В. Пузанков, Т.Л. Клячко, А.Л. Гавриков и др.) проработаны различные проблемы от выработки стратегии до обеспечения ее реализации. Значительный вклад в развитие методологии развития стратегического контроля был внесен директором исследовательского центра Norlan Norton Institute Дэвидом Нортоном (David Norton) и профессором Harvard Business School Робертом Капланом (Robert Kaplan). В 1992 году была представлена широкой публике методология системы сбалансированных показателей (BSC, Balanced Scorecard).

Актуальность работы обусловлена возрастающей конкуренцией на рынке образовательных услуг, многие высшие учебные заведения стали осваивать бизнес-технологии, позволяющие выжить в условиях интенсивных изменений образовательной среды, насыщенного предложения и борьбы за потребителя. Вследствие этого возникла необходимость быстро реагировать на экономические и социальные изменения, появилась потребность своевременно корректировать деятельность вуза в соответствии с требованиями и потребностями государства и общества в целом.

Возникает задача разработки методических рекомендаций по созданию системы стратегического планирования вуза и системы показателей его деятельности, как основы обеспечения соответствия результатов деятельности вуза требованиям рынка, повышения качества и конкурентоспособности образовательных услуг вуза на рынке.

Научная новизна работы состоит, прежде всего, в выявлении существующих недостатков использования стратегического планирования и системы сбалансированных показателей в вузах, и на основе полученных новых знаний - разработке методических рекомендаций по построению системы стратегического планирования и управления высшим учебным заведением. Применяются методы управления бизнес-процессами вуза с помощью системы сбалансированных показателей (ССП):

- Выявлены недостатки существующего стратегического планирования в вузах;
- Определена модель и этапы разработки системы стратегических планов университета;
- Предложена структура корпоративного стратегического плана университета, стратегий и планов основных подразделений университета (стратегических единиц университета);
- Предложен подход к построению ССП для высшего учебного заведения на основе адаптации классической концепции BSC к деятельности вуза (введена дополнительная пятая проекция «Условия устойчивого существования вуза на рынке образовательных услуг». Проведенные преобразования ССП обоснованы высокой значимостью результатов образовательной системы высшей школы как поставщика стратегических ресурсов страны.

Объектом исследования являются высшие учебные заведения РФ, НИУ «Московский Энергетический Институт», «кафедра Экономики промышленности и организации предприятий (ЭКО)» НИУ МЭИ.

Главной целью исследования была разработка методических рекомендаций по созданию в вузе системы стратегического планирования и управления с использованием системы сбалансированных показателей.

Для достижения поставленной цели мы поставили перед собой и проанализировали следующие задачи:

1) проведен анализ образовательного учреждения, а именно были выявлены цели, задачи, функции, области деятельности;

2) проанализирована существующая система стратегического

планирования и используемые показатели деятельности образовательного учреждения;

3) выявлены недостатки существующих стратегических планов как ВУЗа, так и факультетов (кафедр) и разработаны рекомендации по построению системы стратегического планирования вуза;

4) проанализированы связи показателей с целями деятельности ВУЗа и разработаны рекомендации по обеспечению сбалансированности показателей по стратегическим целям вуза, стратегическим и оперативным уровнями управления, прошлым и будущим результатам, внутренним и внешним аспектам деятельности предприятия, по осуществлению мониторинга нефинансовых показателей (наряду с финансовыми) для оценки деятельности, связанной с нематериальными активами и информацией, таких как способность к инновационному развитию; способность удержать существующих и привлечь новых потребителей; знания и опыт персонала; социальный имидж предприятия;

5) разработаны подходы к совершенствованию механизма применения ССП, в частности предложена дополнительная проекция - «Условия устойчивого существования на рынке образовательных услуг университета», внедрения и использования ССП.

6) разработаны методические рекомендации по разработке системы стратегического планирования и управления вуза с использованием ССП.

Цель научного издания «Стратегическое планирование в образовании» - привлечь внимание к проблемам современного управления высшего образования, способствовать совершенствованию методов и форм стратегического планирования, обмену опытом и идеями в направлении повышения качества планирования и его стандартизации.

Данное научное издание посвящено рассмотрению актуальной задачи разработки методических указаний и рекомендаций по созданию в вузе системы стратегического планирования и управления на основе системы сбалансированных показателей. Работа содержит оценку широкого круга вопросов в области современных тенденций стратегического планирования. Материалы, представленные в этой книге, могут быть использованы студентами, магистрантами, аспирантами, преподавателями, специалистами, а также учеными, интересующимися новыми тенденциями стратегического планирования в сфере образования и его применения в практике.

г. Прага, сентябрь 2013 г.

Коллектив авторов

2. Общая характеристика системы высшего образования

Современное высшее учебное заведение представляет собой сложную и комплексную систему со всеми присущими ей характеристиками и атрибутами. В рамках вуза решается множество задач, спектр которых включает в себя и чисто учебные вопросы, и проблемы фундаментальной науки, а также сферу управления и еще массу других областей.

В настоящее время можно с уверенностью говорить о набирающем силу процессе формирования единого мирового образовательного пространства, который особенно интенсивно развивается в западном полушарии, и о фактическом создании таких образовательных пространств между странами Западной Европы, а также в рамках США и Канады. Россия, обладая собственными богатыми традициями и большим потенциалом в сфере высшего образования, является основой образовательного пространства стран СНГ, а отдельные элементы ее образовательной системы используются в некоторых других государствах.

В последнее десятилетие Россия предпринимает существенные шаги к интеграции в западную систему высшей школы. В данной главе будут рассмотрены особенности российской системы образования.

Российская система высшего образования

Российская высшая школа имеет богатый опыт и многовековые традиции. Несмотря на наличие дефицита финансового ресурса в образовательной сфере и накопившихся за годы перестройки системных проблем, у российских вузов в целом сохраняется существенный потенциал для развития и совершенствования их деятельности. Ряд российских университетов, институтов и академий, в соответствии с международными рейтингами, входит в число ведущих учебных заведений Европы и мира.

Бесспорно и то, что уровень грамотности и образованности населения в России по многим параметрам превышает соответствующие показатели ведущих развитых стран.

Одной из сильных сторон отечественной высшей школы, в контексте общей экономической ситуации и уровня жизни в России, является право любого российского гражданина на бесплатное получение высшего образования на конкурсной основе в государственном или муниципальном образовательном учреждении или на предприятии. Это право законодательно закреплено в ст. 43 Конституции РФ. Именно данная норма, дополненная положением Закона РФ «О высшем и послевузовском профессиональном образовании» о недопущении сокращения числа студентов, обучающихся за счет средств федерального бюджета, определяет гарантию государства на существование бесплатной (бюджетной) формы обучения в системе высшего образования. Однако повторимся, что это относится лишь к государственным и муниципальным вузам. Кроме того, необходимо отметить все возрастающую роль и масштаб приема студентов на платную форму обучения в самих государственных образовательных учреждениях. Например, в структуре приема на первые курсы известных московских государственных вузов доля студентов, оплачивающих свое обучение, составляет от 20 % до 50 %.

В России установлены три основные ступени высшего профессионального образования. Первая ступень предусматривает обучение в вузе не менее четырех лет и заканчивается присвоением лицу, успешно прошедшему итоговую аттестацию, квалификации (степени) «бакалавр». Российское законодательство специально оговаривает, что квалификация «бакалавр» при поступлении на работу дает гражданину право на занятие должности, для которой квалификационными требованиями предусмотрено высшее профессиональное образование.

Вторая ступень предполагает обучение в вузе не менее пяти лет, за исключением случаев, предусмотренных соответствующими государственными образовательными стандартами, и подтверждается присвоением лицу, успешно прошедшему итоговую аттестацию и защитившему диплом, квалификации «дипломированный специалист». До начала 1990 г. эта ступень была единственной в системе отечественного высшего образования. В ближайшие годы в связи с правилами участия в Болонском процессе квалификационная степень «специалист» прекратит своё существование. С 2011 года в соответствии с постановлением Правительства РФ прекращен набор студентов на программы специалитета во многих вузах страны, к 2015 году данный процесс будет полностью завершен.

Третья ступень предусматривает обучение в вузе по соответствующей программе не менее шести лет и завершается присвоением квалификации (степени) «магистр».

В рамках послевузовского профессионального образования существует аспирантура (ординатура, адъюнктура – соответственно в медицинских и военных вузах) и докторантура, которые могут создаваться в образовательных учреждениях высшего профессионального образования и научных учреждениях. В ближайшее время аспирантура станет отдельной ступенью образования.

Аспирантом является лицо, имеющее высшее профессиональное образование и обучающееся в аспирантуре с целью подготовки диссертации на соискание ученой степени кандидата наук. В свою очередь, в докторантуру зачисляются лица, имеющие ученую степень кандидата наук и подготавливающие диссертацию на соискание ученой степени доктора наук.

Обучение в системе высшего образования на всех ступенях может осуществляться в нескольких формах: очной, очно-заочной (вечерней), заочной в форме экстерната. Допускается также и сочетание различных форм получения высшего профессионального образования. Вместе с тем,

Правительство РФ устанавливает перечень направлений подготовки, по которым получение высшего образования допускается только в очной форме.

Виды высших учебных заведений

В Российской Федерации устанавливаются следующие виды высших учебных заведений: федеральный университет, университет, академия, институт.

В соответствии с образовательным законодательством [3], *федеральный университет* - высшее учебное заведение, которое:

- реализует инновационные образовательные программы высшего и послевузовского профессионального образования, интегрированные в мировое образовательное пространство;
- обеспечивает системную модернизацию высшего и послевузовского профессионального образования;
- осуществляет подготовку, переподготовку и (или) повышение квалификации кадров на основе применения современных образовательных технологий для комплексного социально-экономического развития региона;
- выполняет фундаментальные и прикладные научные исследования по широкому спектру наук, обеспечивает интеграцию науки, образования и производства, в том числе путем доведения результатов интеллектуальной деятельности до практического применения;
- является ведущим научным и методическим центром.

Под *университетом* понимается высшее учебное заведение, которое:

- реализует образовательные программы высшего и послевузовского профессионального образования по широкому спектру направлений подготовки (специальностей);

- осуществляет подготовку, переподготовку и (или) повышение квалификации работников высшей квалификации, научных и научно-педагогических работников;

-выполняет фундаментальные и прикладные научные исследования по широкому спектру наук;

- является ведущим научным и методическим центром в областях своей деятельности.

Академия – это высшее учебное заведение, которое:

- реализует образовательные программы высшего и послевузовского профессионального образования (нет широкого спектра);

- осуществляет подготовку, переподготовку и (или) повышение квалификации работников высшей квалификации для определенной области научной и научно-педагогической деятельности;

- выполняет фундаментальные и прикладные научные исследования преимущественно в одной из областей науки или культуры;

- является ведущим научным и методическим центром в области своей деятельности.

Под *институтом* понимается высшее учебное заведение, которое:

- реализует образовательные программы высшего профессионального образования, и, как правило, образовательные программы послевузовского профессионального образования;

- осуществляет подготовку, переподготовку и (или) повышение квалификации работников для определенной области профессиональной деятельности;

- ведет фундаментальные и (или) прикладные научные исследования.

Любое высшее учебное заведение, независимо от его организационно-правовой формы и ведомственной подчиненности, должно получить государственную лицензию на ведение образовательной деятельности по программам высшего и послевузовского профессионального образования. Эти лицензии выдаются федеральным (центральным) органом управления высшим профессиональным образованием (в настоящее время – Министерством образования Российской Федерации), а в случаях, предусмотренных законодательством – и другими органами в рамках их компетенции, на основании заключения экспертной комиссии.

Получение лицензии дает разрешение лишь на ведение соответствующей образовательной и научной деятельности, но не на выдачу документов о высшем образовании государственного образца. Такое право появляется у вуза только после его государственной аккредитации, осуществляемой тем же органом, который проводит лицензирование, по результатам комплексной аттестации высшего учебного заведения. Аттестация ставит своей целью установление соответствия содержания, уровня и качества подготовки выпускников высшего профессионального образования по направлениям подготовки и специальностям. Аккредитация может распространяться не на все направления подготовки и специальности, имеющиеся в вузе, а лишь на некоторые из них. Аттестация всех вузов проводится государственной аттестационной службой не реже одного раза в пять лет. Студенты, обучающиеся в вузах, не имеющих государственной аккредитации, или успешно окончившие такие учебные заведения, имеют право на текущую и итоговую государственную аттестацию в вузах, имеющих такую аккредитацию, на условиях экстерната.

Всем российским вузам гарантированы автономия деятельности и академические свободы. Автономия включает в себя самостоятельность высшего учебного заведения в подборе и расстановке кадров, осуществлении учебной, научной, финансово-хозяйственной и иной деятельности в соответствии с законодательством и уставом вуза, утвержденном в установленном порядке. В частности, даже государственные вузы самостоятельно определяют направления и порядок использования средств, полученных ими за счет бюджетных (за исключением целевых средств) и внебюджетных источников. Академические свободы распространяются на профессорско-преподавательский состав, научных работников, студентов и аспирантов. К основополагающим из них относятся свобода преподавателя вуза излагать учебный предмет по своему усмотрению, выбирать темы для научных исследований и проводить их своими методами, а также свобода студента получать знания согласно своим склонностям и потребностям. Естественно, что академические свободы влекут за собой и академическую ответственность вузов и профессорско-преподавательского состава за создание оптимальных условий для свободного поиска истины, ее свободного изложения и распространения.

Функции университета

Теперь рассмотрим основные функции российского вуза, которые перечислим ниже в порядке значимости и приоритетности для современной отечественной высшей школы (рис.1.1).

Рисунок 1.1- Функции ВУЗа

Рассмотрим подробно каждую из функций.

В первую очередь, это «*учебная»* функция. Эта функция является базовой и присущей всем без исключения российским вузам и вузам других стран. Следует отметить, что в большинстве случаев данная функция, наряду с экономической, находится в большом отрыве впереди от остальных функций, реализуемых высшим учебным заведением.

«Экономическая» функция. Эта функция играет главную после образовательной роль в рамках российского вуза и в целом присуща как государственным, так и частным российским вузам в силу ориентации последних на условно называемые «прикладные» специальности, востребованные национальной экономикой.

«Научно-квалификационная» функция. Ранее рассмотренные государственные программы и направления национального проекта в

области образования повышают значимость данной функции для вузов. Следует отметить, что для крупных государственных высших учебных заведений научно-квалификационная функция всегда играла существенную роль. Такие вузы реализуют большой перечень образовательных программ послевузовского образования (докторантура), уделяют существенное внимание профессиональному росту профессорско-преподавательского состава, поощряя его участие в семинарах и конференциях и публикуя научные работы.

«Интеллектуальная» функция. Эта функция в той или иной степени реализуется большинством российских вузов, однако диапазон и уровень ее реализации очень сильно варьируется, особенно при сравнении государственных и частных «прикладных» вузов (естественно не в пользу последних).

Функция *«дополнительного и непрерывного образования»*, которая определенным образом связана с интеллектуальной функцией, в основном реализуется различными государственными вузами, которые периодически организуют проблемные и практические семинары в тех или иных областях, а в редких случаях – специальные учебные курсы, направленные на приближение новейших теоретических и практических разработок к заинтересованным специалистам, работающим в соответствующем регионе. Следует отметить, что реализация этой функции в целом ограничена и не имеет сложившихся традиций в силу существования в СССР, а затем и в России, сети институтов повышения квалификации (ИПК) различных категорий специалистов, которые ориентированы именно на реализацию рассматриваемой функции. В последние годы эта ситуация начала изменяться в сторону сотрудничества ИПК с вузами и некоторого повышения роли государственных вузов в реализации программ дополнительного и непрерывного образования. В частности, вузы стали предлагать специализированные курсы (как правило, продолжительностью от 1 месяца до двух лет) по подготовке определенных специалистов с выдачей соответствующих сертификатов и удостоверений.

«Культурная» функция. Признавая сопряженность этой функции с интеллектуальной, следует отметить, что оценка наличия культурной функции у конкретного вуза затруднительна, но можно говорить о прямой связи качества предоставляемого образования, уровня и научной известности профессорско-преподавательского состава и традиций вуза, с одной стороны, и степенью реализации культурной функции, с другой. В этом контексте, культурная функция по-настоящему реализуется только государственными вузами, имеющими сложившуюся репутацию и устойчивые традиции. Кроме того, именно российские государственные вузы традиционно были ориентированы на достаточно широкую степень подготовки специалистов, уделяя внимание гуманитарному блоку курсов и дисциплин, и эта тенденция находит свое развитие в настоящее время. Хотя, если рассматривать культурную функцию всей системы высшего образования, нельзя говорить об отсутствии вклада в ее осуществление со стороны частных вузов.

«Ресурсно-стратегическая» функция. Данная функция реализуется очень небольшим числом известнейших российских государственных университетов. Именно эти вузы имеют возможности, опыт и соответствующую научную базу для подготовки первоклассных специалистов, которые смогут играть определяющую роль в научном и технологическом развитии государства. «Ресурсно-стратегическая» функция неразрывно связана с научно-исследовательской функцией, рассмотрение которой несколько дополнит эти строки. Можно с полной определенностью констатировать, что российские частные вузы, практически целиком ориентированные на прикладные специальности, вообще не реализуют ни рассматриваемую, ни следующую за ней функции.

«Научно-исследовательская» функция. Данная функция была

подробно рассмотрена выше при перечислении проблем вузовской науки.

Ключевая роль в управлении российским вузом принадлежит ректору, который избирается тайным голосованием на 5-летний срок конференцией (общим собранием) педагогических и научных работников, представителей других категорий работающих и обучающихся в вузе и утверждается (в государственном и муниципальном вузе) в должности органом управления образованием, в ведении которого находится соответствующее высшее учебное заведение. Ученый совет, состоящий из нескольких десятков членов, играет далеко не решающую роль в выработке важнейших решений. В основном роль этого органа сведена к обсуждению, согласованию и утверждению определенных решений и документов, затрагивающих, как правило, учебно-научную сферу деятельности вуза. Председателем ученого совета является ректор университета. Финансово-экономические и хозяйственные вопросы принимаются в основном на уровне ректората без прямого участия ученого совета.

Следующей ступенью управленческой вертикали является ректорат, как правило, состоящий из 4-8 проректоров в зависимости от масштаба и приоритетных направлений развития вуза. Ключевыми из них являются проректор по учебной работе, проректор по науке, проректор по административно-хозяйственной работе, проректор по работе со студентами и проректор по экономическим вопросам. Кроме того, в ряде крупных и активно развивающихся вузов существуют должности проректоров по информатизации, региональной работе, платному образованию, международным связям и др. Проректоры отвечают за соответствующие направления деятельности вуза и курируют работу ряда структурных подразделений. Часто проректоры возглавляют ключевые управления вузов, среди которых можно выделить учебно-методическое управление, планово-финансовое управление, управление международных связей, управление платных образовательных услуг, хозяйственно-эксплуатационное управление.

Учебная структура российского вуза включает в себя факультеты, которые возглавляются деканами и подразделяются на кафедры, лаборатории и центры. В ряде крупных университетов несколько однородных факультетов организационно объединяются в институты, руководимые директорами. В отличие от североамериканских и некоторых западноевропейских вузов, в российских высших учебных заведениях студенты изначально зачисляются на определенные факультеты, что переносит основную массу организационной работы со студентами на факультеты (деканаты).

Учебно-научный сектор, как правило, представлен в российском государственном вузе аспирантурой (докторантурой), обособленными научными центрами и лабораториями, диссертационными советами.

Важным звеном, интегрированным в учебную и научную инфраструктуру вуза, является библиотека.

Административно-хозяйственная структура российского вуза обычно предусматривает наличие хозяйственно-эксплуатационного (административно-хозяйственного) управления, которому подчинены соответствующие службы, а также некоторых других подразделений, как, например, отдел капитального строительства, службы главного инженера, главного энергетика и др.

Финансово-экономический сектор российского вуза включает в себя планово-финансовое управление и бухгалтерию. В ряде государственных вузов, осуществляющих платный набор студентов, специально создаются структуры типа управления платного образования, а также различного рода центры, деятельность которых направлена на привлечение внебюджетных средств в вуз. Однако подразделения этой группы часто имеют различное подчинение и редко организуются в эффективно работающую систему.

Задачи высшего учебного заведения

В данном подразделе рассмотрим задачи относящиеся к высшим учебным заведениям.

Основными задачами высшего учебного заведения являются:

1) удовлетворение потребностей личности в интеллектуальном, культурном и нравственном развитии посредством получения высшего и (или) послевузовского профессионального образования;

2) развитие наук и искусств посредством научных исследований и творческой деятельности научно-педагогических работников и обучающихся, использование полученных результатов в образовательном процессе;

3) подготовка, переподготовка и повышение квалификации работников с высшим образованием и научно-педагогических работников высшей квалификации;

4) формирование у обучающихся гражданской позиции, способности к труду и жизни в условиях современной цивилизации и демократии;

5) сохранение и приумножение нравственных, культурных и научных ценностей общества;

6) распространение знаний среди населения, повышение его образовательного и культурного уровня [4].

Таким образом, в данной главе мы провели общую характеристику системы высшего образования. Были рассмотрены существующие виды российских высших учебных заведений, их функции, задачи. Высшее учебное заведение, как и любая организация, требует эффективного построения основных управленческих функций. Вместе с тем вуз - слабо изученная с точки зрения теоретического и практического стратегического менеджмента организация. В настоящее время отсутствуют единые научно обоснованные и эмпирически апробированные стандарты и методы управления в российских вузах. Научное и практическое направление исследований под условным названием университетский менеджмент еще только формируется.

В следующей главе речь пойдет об особенностях стратегического планирования и управлении ВУЗом. На сегодняшний день в большинстве случаев актуальность и значимость системы стратегического планирования недооценивается руководством ВУЗов.

3. Стратегическое планирование и управление в университете

Место стратегического планирования и управления в комплексной системе подготовки кадров в университете

В интересах подготовки выпускника, готового к работе в условиях инновационной экономики, деятельность университета должна строиться на основе учета и анализа активно меняющегося внешнего окружения (требований отраслей, работодателей, потребителей, экономических условий, и т.д.), определении желаемого положения – позиции университета в перспективе, формулировании целей деятельности и мероприятий по их достижению.

То есть деятельность университета, в том числе и деятельность основного структурного подразделения – кафедры, должна строиться на базе стратегического планирования и управления. Именно стратегический подход предполагает постоянное отслеживание состояния рынка образовательных услуг, требований потребителей и других составляющих внешней среды, прогнозирование тенденций их развития и разработку мер по адаптации университета к внешней среде, формулированию целей деятельности и достижению поставленных целей с учетом своих возможностей и наиболее результативного использования ресурсов. Только такой (стратегический) подход позволит университету обеспечить долговременное устойчивое существование образовательного учреждения на рынке, которое следует признать необходимым ориентиром деятельности.

Концепция стратегического менеджмента заняла прочные позиции в теории управления и практической деятельности зарубежных и отечественных компаний разной отраслевой принадлежности. Учреждения сферы высшего профессионального образования во многих странах мира с успехом применяют эту концепцию, адаптируя ее к особенностям отрасли.

В современной России степень распространения этой концепции повышается, однако для многих учреждений ВПО она еще не стала основой внутривузовского управления. Анализ, проведенный в рамках проекта Национального фонда подготовки кадров, показал, что не более 30% российских университетов внедряют стратегическое управление в практику управления вузом [5].

В управленческой деятельности университета играют роль три уровня управления – государственный, уровень образовательного учреждения и уровень подразделений (основных структурных единиц – звеньев университета (СЕУ)).

Вопрос внедрения концепции стратегического планирования и разработки стратегических планов находится в компетенции университета и его высшего уровня управления. На высшем уровне управления принимаются решения по общеуниверситетской (корпоративной) стратегии, которая определяет общее направление развития университета как единого целого, общекорпоративные цели, выраженные в финансовых, рыночных, производственных и других целях. Стратегия устанавливает порядок распределения ресурсов между разными направлениями деятельности университета, и, следовательно, развития, сокращения, изменения направлений деятельности.

Большинство работ, касающихся разработки стратегических планов образовательных учреждений и системы показателей их деятельности, рассматривают именно корпоративный уровень планирования, например, (Г.И. Мальцева, Р.А. Луговой, Ю. А. Применение системы сбалансированных показателей в процессе стратегического планирования вуза (на примере Владивостокского государственного университета экономики и сервиса)). Также разработки стратегических планов подавляющей части университетов представлены именно уровнем общекорпоративной стратегии и планов (программ) деятельности, такие как: стратегический план Национального исследовательского университета «Московский энергетический институт» (НИУ «МЭИ»), Государственный университет управления (ГУУ), Санкт-Петербургский государственный электротехнический университет (ЛЭТИ) и т.д.

В то же время стратегическое планирование организации предполагает и включает разработку трех видов стратегий и соответствующих планов, в соответствии с уровнями иерархической организационной структуры организации:

1. Корпоративная стратегия (стратегия организации в целом).

2. Стратегии основных структурных подразделений - стратегических единиц университета (СЕУ).

3. Функциональные стратегии.

В практике деятельности университетов уровень стратегического планирования и управления основных подразделений и формирование стратегических планов подразделениями университета (СЕУ) – факультетами (институтами), кафедрами, лабораториями – реализован не в полной мере, а в большинстве случаев практически отсутствует.

Это можно объяснить тем, что методическая база решения вопросов стратегического планирования и управления на уровне структурных подразделений университета представлена слабо и представляет собой еще недостаточно проработанную и актуальную проблему. Поэтому вопросы разработки стратегических планов на уровне основных структурных подразделений университета и увязки этих планов в рамках общеуниверситетской (корпоративной стратегии) требуют дополнительного методического и практического рассмотрения.

Университет в качестве объекта управления представляет собой сложную многоуровневую организационную систему. В организационной структуре университета основные структурные подразделения университета, помимо ректората – это факультеты (или институты), выпускающие кафедры, общеинститутские кафедры, научные подразделения (научнотехнические центры, научные лаборатории и т.п.) [6].

Важной особенностью университета является деятельность по множеству направлений – научная деятельность, учебная деятельность по различным направлениям, профилям, программам и формам подготовки и т.д. Факультеты (институты) отвечают за подготовку кадров в рамках одного, реже нескольких направлений подготовки. Кафедры отвечают за подготовку в рамках одного направления по одному (реже нескольким) профилям и магистерской программе. Научные подразделения ведут научно-исследовательские и опытно-конструкторские работы по отдельным научным направлениям.

Эта многонаправленность деятельности университета вызывает необходимость сложных плановых, организационно-управленческих и функциональных связей подразделений и обусловливает сложную горизонтальную и вертикальную взаимозависимость их деятельности.

Планирование и управление деятельности университета призвано обеспечить взаимосвязь между отдельными структурными подразделениями предприятия. Поэтому и стратегическое планирование развития университета должно включать планирование деятельности основных структурных подразделений [7].

Основные подразделения университета достаточно самостоятельны в области своей деятельности. Они отвечают за результаты по отдельным направлениям деятельности университета. Поэтому и возникает необходимость разрабатывать стратегии для каждого отдельного направления. Именно основные структурные подразделения определяют качество подготовки выпускника по конкретному направлению, профилю и его место на рынке образовательных услуг. Следовательно, стратегическое планирование деятельности основных подразделений университета является необходимым условием реализации стратегического планирования и управления университета.

Представленный анализ показывает, что существует потребность в проработке процессов организации стратегического планирования в университете с позиций разработки стратегий СЕУ, определении места, структуры и содержания разделов стратегического плана основных структурных подразделений университета, разработки показателей деятельности подразделений.

В организации, где нет единой согласованной и утвержденной стратегии, обычной становится ситуация, когда различные подразделения вырабатывают разнородные, противоречивые и неэффективные решения.

Система стратегических планов университета

В составе системы стратегических планов университета можно выделить:

1. На корпоративном уровне университета:

- Корпоративную стратегию - концепция функционирования и развития университета на заданную стратегическую перспективу, представленную в виде миссии университета, общих направлений – стратегических приоритетов его развития, системы целей деятельности по основным направлениям и функциональным областям (финансы, персонал и т.д.), распределения ресурсов между направлениями;
- стратегический план – дополнение корпоративной стратегии в виде важнейших управленческих решений, мероприятий и программ по реализации корпоративной стратегии в разрезе направлений деятельности и корпоративных функциональных решений по областям деятельности (финансы, персонал, и т.д.).

2. На уровне структурных подразделений университета (СЕУ):

- стратегии основных структурных подразделений университета – факультетов (институтов) университета, кафедр факультета, лабораторий факультета;
- функциональные стратегии основных структурных подразделений (стратегических единиц университета, СЕУ);

- стратегические планы основных структурных подразделений – дополнение стратегии СЕУ и функциональных стратегий в виде важнейших управленческих решений, мероприятий и программ по реализации стратегии подразделения в рамках конкретного направления деятельности и функциональных решений по областям деятельности подразделения (финансы, персонал, и т.д.);

Для достижения успеха, стратегии должны быть согласованы и тесно взаимодействовать друг с другом. Корпоративная стратегия определяет концептуальные положения развития университета и дает *ориентиры для каждого направления деятельности, каждого структурного подразделения и является исходной базой для разработки стратегий и планов СЕУ.* При этом роль подразделений не следует считать пассивной стороной в процессе разработки корпоративной стратегии.

Модель и этапы процесса разработки системы стратегических планов университета

Модель процесса разработки системы стратегических планов университета представлена на рис.2.1. Этот процесс включает несколько этапов, представленных далее.

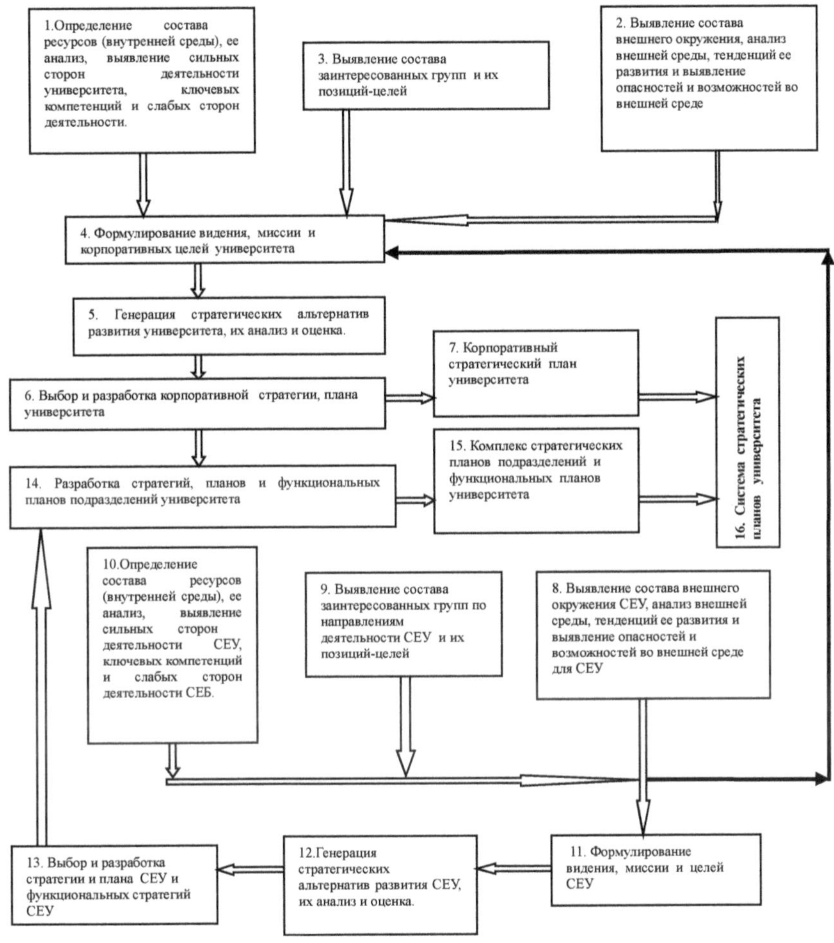

Рисунок 2.1- Модель разработки системы стратегических планов университета

Этап I Стратегический анализ деятельности университета.

Стратегический анализ включает:

- анализ существующего положения университета, определение состава ресурсов (внутренней среды), ее анализ, выявление сильных сторон деятельности университета, ключевых компетенций и слабых сторон деятельности (блок 1 на рис.2.1);

- выявление состава внешнего окружения университета, анализ внешней среды (окружения), тенденций ее развития и выявление опасностей и возможностей во внешней среде (блок 2 на рис.2.1);
- выявление состава заинтересованных групп (стейкхолдеров) и их позиций-целей (блок 3 на рис.2.1).

Корпоративную стратегию университета следует рассматривать не как простую сумму стратегий СЕУ. Корпоративная стратегия *синтезирует* стратегии развития подразделений и на этой основе обеспечивает новые возможности развития университета.

Поэтому разработка корпоративной стратегии университета – постановка целей и определение направлений развития – следует строить на основе анализа развития отдельных направлений деятельности, реализуемых в СЕУ. Это предполагает необходимость проведения анализа перспектив и возможностей развития отдельных направлений деятельности, реализуемых стратегическими подразделениями университета. Участие стратегических подразделений в таком анализе представляется необходимым условием подготовки качественного стратегического плана корпоративного уровня.

Процесс формирования иерархии стратегий может быть различным. Первый подход - когда стратегическое планирование осуществляется “сверху вниз”. При этом подходе высшие менеджеры инициируют процесс формирования корпоративной стратегии, а затем предполагается, что стратегические единицы и функциональные подразделения могут формулировать собственные стратегии как средства реализации корпоративной стратегии. В большинстве случаев, при таком подходе разработка корпоративной стратегии происходит практически без участия стратегических подразделений университета, а разработка стратегий на уровне подразделений не рассматривается как обязательное условие создания и функционирования стратегического планирования и управления университетом.

Другой подход – когда формирование стратегии стимулируется предложениями стратегических подразделений. В этом случае представители стратегических подразделений, отвечающие за отдельные направления деятельности, вводятся в состав участников разработки корпоративной стратегии. Второй подход следует считать более эффективным, поскольку обеспечивает результативное взаимодействие между уровнями управления. Процесс разработки стратегии при втором подходе включает многочисленные переговоры между уровнями управленческой иерархии, направленные на то, чтобы различные цели, стратегии, программы, бюджеты и процедуры были согласованы и подкрепляли друг друга. Сложный и противоречивый процесс согласования стратегических решений различных уровней является важным моментом стратегического управления.

Таким образом, указанные анализы должны проводиться по каждому научному направлению, направлению подготовки выпускников, профилю и программе подготовки. То есть, в этом процессе принимают *участие все основные структурные подразделения* университета. Этот важный элемент организации стратегического планирования отражен на рис.2.1 связью между блоками 8, 9, 10 и блоком 4.

Этап II Разработка корпоративной стратегии и плана университета.

Этап включает в себя:

- Формулирование видения и миссии университета и корпоративных целей (по направлениям подготовки кадров, научных исследований и по функциональным областям деятельности – финансы, кадры, технологии и оборудование и т.д.), блок 4 на рис.2.1;

- Генерация стратегических альтернатив развития университета, их анализ и оценка (блок 5 на рис.2.1);
- Выбор и разработка корпоративной стратегии университета (блок 6 на рис.2.1);
- Разработка мероприятий и программ по реализации корпоративной стратегии.

Таким образом, стратегический план университета представляет собой концепцию функционирования и развития университета на заданную стратегическую перспективу. План представляется в виде миссии университета, стратегических приоритетов его развития, системы целей, важнейших управленческих решений и программы конкретных действий, которые способны реализовать данную концепцию и обеспечить организации конкурентные преимущества и устойчивое положение на рынке образовательных услуг.

При этом постановка целей и определение развития вуза должны строиться на основе анализа развития отдельных направлений деятельности, реализуемых в СЕУ, и формулировать ориентиры *для каждого направления* деятельности и *каждого структурного подразделения.*

В настоящее время еще не сложились четкие требования к формату и содержанию стратегических планов. Это касается сроков планирования, формулировки миссии, подробности описания целей, задач и мероприятий, определения измеримых показателей и т.п. [8].

Этап III Разработка стратегий и планов основных подразделений университета (стратегических единиц университета)

Процесс разработки стратегических планов стратегических единиц университета (СЕУ) представлен на рис.2.1 блоками 8 – 13.

Уровни стратегических планов университета образуют иерархическую структуру: корпоративная стратегия, стратегии основных структурных подразделений и функциональные стратегии. Для достижения успеха стратегии должны быть согласованы и тесно взаимодействовать друг с другом в процессах планирования и реализации. Каждый уровень образует стратегическую среду для следующего уровня, т.е. на стратегический план нижнего уровня накладываются ограничения стратегий более высоких уровней иерархии. В то же время цели и стратегические планы подразделений реализуют цели и планы корпоративного уровня.

Стратегия подразделения (кафедры) предназначена определять его деятельность по направлению подготовки, профилю, магистерской программе подготовки кадров, направлению научной деятельности.

Структура корпоративного стратегического плана университета

Можно предложить следующую, наиболее полную структуру корпоративного стратегического плана (программы) университета, составленную на основе проведенного анализа требований к корпоративной стратегии и обобщения существующих планов российских университетов, в виде следующих разделов:

Раздел 1. Миссия, стратегические цели и задачи университета.

Примеры формулировки миссии университета:

- Миссия НИУ «Московский энергетический институт» - состоит в укреплении интеллектуального базиса энергетической эффективности и безопасности России путем комплексного развития на мировом уровне системы подготовки, переподготовки и закрепления высококвалифицированных кадров, создания новых образовательных, научно-исследовательских и производственных технологий для эффективной, надежной и экологически безопасной энергетики.

- Миссия Государственного университета управления - обеспечить подготовку высококвалифицированных управленческих кадров для модернизации России.

- Миссия Владивостокского государственного университета экономики и сервиса (ВГУЭС): «ВГУЭС — предпринимательский инновационный университет, центр образования мирового уровня в сфере бизнеса и сервиса. Университет занимает ведущие позиции в области информационных технологий в образовании, содействует укреплению позиции России в Азиатско-Тихоокеанском регионе. Мы готовим студентов к успеху в учебе, в карьере и в жизни».

- Ниженовгородский государственный университет – видит свою миссию в сохранении и укреплении роли ННГУ как одного из ведущих институтов российского высшего образования, осуществляющего:

- основанную на научных исследованиях подготовку высококвалифицированных кадров, способных внести эффективный вклад в прогрессивное развитие России;

- развитие фундаментальной и прикладной науки как основ высокого качества образования и источников новых знаний и технологий для эффективного решения социальных и экономических проблем современного общества, развитие общеуниверситетской культуры трансфера знаний и технологий;

- значительный вклад в развитие российского образования и участие в работе высшей школы России по формированию интегрированной системы высшего образования Европы;

- активное воздействие на социально-экономическое и духовное развитие региона и Приволжского федерального округа.

Вузовское сообщество выработало ряд универсальных рекомендаций к определению стратегии университета, которые в обобщенном виде можно представить так [9]:

a. Миссия университета должна определить главную цель его конкурентоспособности в наиболее общей форме, четко выражающую смысл и основную причину существования университета;

b. Определение миссии университета должно решить следующие *задачи*:

- формирование представления о направленности деятельности вуза, его целях и средствах их достижения;
- содействие формированию имиджа;
- выработка единого направления совместных действий для всех членов университетского сообщества;
- создание возможностей для более эффективного управления вузом.

c. Миссия вуза в развернутой формулировке, как правило, вырабатывается с учетом семи *факторов*: типология университета; философия и история университета; целевые ориентиры; компетенции, ожидания внешней среды; ресурсы и возможности университета.

d. В качестве традиционных компонент миссии университета можно указать:

- подготовка современных высококвалифицированных специалистов и научных кадров с лучшим мировым уровнем профессиональной и социальной компетентности;
- интеграция в международное образовательное пространство;
- организация фундаментальных и прикладных исследований мирового уровня и выполнение прорывных инновационных разработок;
- коммерциализация интеллектуальной собственности, созданной в университете;
- эффективное партнерство с бизнес – сообществом;
- формирование единого интеллектуального, экономического и культурного пространства региона.

Разнообразие выбора университетами структуры и содержательных формулировок миссий показывает отсутствие в практике стратегического планирования единого взгляда и подхода к определению этого важного элемента стратегии, от которого зависит разработка всей системы стратегических планов университета. Не в полной мере существующие формулировки стратегий университетов отражают и классические требования стратегического менеджмента к содержанию миссии организации. *Содержание миссии* должно включать в себя следующую основную информацию:

- генеральные цели фирмы;
- описание продуктов и/или услуг, предлагаемых организацией;
- характеристику рынка (его географию, определение основных потребителей, клиентов, пользователей);
- особенности технологии;
- возможности и способы достижения целей;
- философию предприятия».

Стратегические цели и задачи университета должны формулироваться исходя из необходимости обеспечить выполнение миссии университета. Эти цели представляются, как правило, выборкой из следующего списка:

С1. уровень развития образовательных услуг и научно-исследовательской деятельности университета, направленных на повышение его конкурентоспособности;

С2. цели по формированию научно-образовательной среды с учетом закономерностей развития социально-экономических и общественно-политических систем;

С3. степень развития современных технологий непрерывного образования;

С4. цели по реализации научно-образовательного потенциала, обеспечивающего инновационное развитие реального сектора экономики;

С5. внедрение и коммерциализация образовательных и

организационно-управленческих инноваций;

С6. цели по расширению сотрудничества с ведущими зарубежными образовательными и научными центрами;

С7. цели по формированию корпоративной управленческой культуры, высокой гражданской и социальной ответственности выпускников;

С8. цели по совершенствованию научно-образовательной и организационно-технологической инфраструктуры университета.

Отсутствуют цели, определяющие желаемое положение университета на рынке образовательных услуг в разрезе направлений подготовки (например, обеспечить лидирующее положение вуза в подготовке специалистов по направлению теплоэнергетика и теплотехника для отрасли; начать подготовку по направлению «инноватика в энергетике», «государственное регулирование и предпринимательство (бизнеса) в энергетике» и т.п.).

Отсутствуют цели, ориентированные на обеспечение устойчивого существования вуза на рынке ОУ (например, обеспечить востребованность выпускников вуза по направлению «Промышленная теплоэнергетика» на уровне 80% выпускников и т.п.).

Раздел 2. Общая характеристика структуры деятельности, результаты анализа внешней и внутренней среды.

2.1.Описание общей характеристики и структуры деятельности университета.

2.2.Стратегические ***приоритетные направления развития университета*** *в области образовательной, научной и инновационной деятельности.*

Деятельность по этим направлениям должна обеспечить достижение целей и задач университета, сформулированных в разделе 1.

В этом разделе приводятся:

- Перечни приоритетных направлений научной деятельности университета. Например, для Московского энергетического института существуют следующие направления:

- энергетическая эффективность и энергосбережение;

- тепловая и атомная энергетика;

- электроэнергетические системы и сети;

- нетрадиционные и возобновляемые источники энергии;

- экология и безопасность энергетики.

- Перечни приоритетных направлений развития в области образования (направления обучения, достижение мирового уровня образования в конкретной сфере, современные методы и технологии образования, развитие человеческого потенциала и т.д.).

- Стратегические приоритеты (развитие динамичной научной среды, интегрированной с реальным сектором экономики, становление университета как обучающейся саморазвивающейся организации, и т.п.).

*2.3.Результаты анализа внешней среды – **благоприятные условия** (возможности) и **угрозы** (риски) со стороны внешней среды для университета.*

Данный раздел далеко не всегда присутствует в планах университетов, возможно в связи с закрытостью результатов или с отсутствием таких анализов при разработке стратегии. В ряде опубликованных стратегиях университетов приводятся результаты анализа:

- социально-экономического развития региона, страны (экономическая среда);

- состояния, тенденций и проблем развития системы профессионального образования и науки (элемент отраслевого анализа);

- конкурентных преимуществ университета, его позиционирование по сегментам рынка образовательных услуг, научных исследований, разработок и инноваций на соответствующей территории или в отрасли.

В практически разработанных и опубликованных стратегиях университетов представляется анализ далеко не всех составляющих внешней среды университета. В частности, отсутствуют:

- анализ заинтересованных лиц (стейкхолдеров), к которым следует отнести работодателей, студентов, руководство университета, государство, общество;
- анализ потребителей;
- анализ конкурентной среды;
- анализ социального окружения;
- анализ правовой среды;
- анализ демографической ситуации;
- анализ обеспечения рыночного положения на рынке ОУ.

В то же время полнота проведенного анализа внешней среды в значительной мере определяет возможности выделить реальные опасности и возможности для университета, определить ключевые факторы успешной деятельности на рынке, а, следовательно, и качество разрабатываемого стратегического плана.

Недостаточную проработку этого раздела можно объяснить значительной трудоемкостью анализа внешней среды, который в полной мере может быть проведен с учетом особенностей ситуации, складывающейся по каждому направлению подготовки и направлению научной деятельности. Такой анализ, следовательно, должен проводиться с участием основных стратегических подразделений университета.

Так же, недостаточно внимания уделяется анализу устойчивого существования университета на рынке образовательных услуг. Данный анализ отражает миссию и главные цели деятельности, которые должны носить преимущественно рыночный характер.

Причина такого несоответствия состоит в отсутствии корректного системного подхода к разработке системы стратегических планов университета.

2.4.Результаты анализа ***внутренней среды*** *университета, инфраструктура и материально-техническое обеспечение вуза.*

Анализ внутренней среды проводится по основным ресурсам университета:

-кадровое обеспечение;

-финансовое положение;

-организационная культура и система управления;

-маркетинг;

-инфраструктура и материально-техническое обеспечение.

Результатом анализа должны стать выявленные слабые и сильные стороны деятельности университета.

2.5.Основные проблемы развития университета.

Здесь указываются выявленные в результате анализа внешней и внутренней среды проблемы, требующие решения, например, снижение кадрового потенциала, низкая коммерциализация результатов научных исследований, устаревшие технологии обучения, качество обучения и т.д.

Раздел 3. Цель стратегической программы. Стратегические задачи, мероприятия и проекты программы. Целевые индикаторы и показатели мероприятий и проектов программы.

3.1. Цели программы.

Подходы к определению целей, задач и мероприятий в разных вузах различаются. Однако, можно выделить типичные подходы к этим решениям, применяемых большинством университетов. Как правило, все определяют стратегические цели и задачи в области образования и исследований.

Типичные примеры формулирования целей:

Ц1. Формирование современного вуза, осуществляющего подготовку кадров для отрасли (отраслей), выполнение исследований мирового уровня, взаимодействие науки, образования и бизнеса;

Ц2. Повышение эффективности научно-образовательной и инновационной деятельности университета;

Ц3. Обеспечение конкурентоспособности выпускников на отечественном и международном рынках труда.

Отсутствуют цели, ориентированные на достижение желаемого положения вуза на рынке образовательных услуг в разрезе направлений подготовки.

3.2. Стратегические задачи, мероприятия и проекты программы.

Для достижения цели Программы при ее реализации формулируются подлежащие решению задачи. Типичными являются следующие ***стратегические задачи***, сгруппированные по направлениям и областям деятельности:

З1. Совершенствование образовательной деятельности для кадрового обеспечения отрасли (отраслей). Внедрение инновационных технологий и методов организации образовательного процесса;

З2. Развитие и повышение эффективности научно-инновационной деятельности по приоритетным направлениям. Опережающее развитие фундаментальных и прикладных научных исследований в конкретном научном направлении. Развитие интеллектуальных ресурсов университета.

З3. Развитие кадрового потенциала;

З4. Совершенствование информационной инфраструктуры и системы управления университетом. Модернизация инфраструктуры университета;

З5. Развитие международного сотрудничества, участие в международных образовательных и научных программах. Развитие национальной и международной мобильности участников образовательного процесса.

В качестве ***мероприятий программы*** в большинстве случаев включаются следующие:

М1. Разработка и внедрение образовательных программ по приоритетным направления развития, программ дополнительного профессионального образования. Расширение гибкости программ и курсов, предложение новых программ. Выход на новые рынки образовательных услуг. Рост удовлетворенности студентов обучением;

М2. Развитие информационных ресурсов университета. Внедрение прогрессивных форм и методов обучения, исследований и разработок;

М3. Создание и модернизация научно-учебных лабораторий мирового уровня;

М4. Совершенствование кадрового состава и профессионального уровня работников университета;

М5. Совершенствование системы управления качеством образования и исследований (совершенствование бизнес-процессов, сертификация образовательных программ и научно-исследовательской деятельности, управление интеллектуальной собственностью). Использование новых моделей и технологий обучения. Повышение качества исследований (обеспечение исследований мирового уровня). Коммерциализация исследований;

М6. Развитие информационно-коммуникационной среды университета;

М7. Расширение связей с зарубежными университетами и фирмами (привлечение иностранных студентов, участие студентов в программах международных обменов, участие в совместных исследовательских проектах и т.д.);

М8. Увеличение внешнего финансирования исследований, как коммерческого, так и грантового, расширение участия академического персонала в грантовых и коммерческих исследованиях.

Анализ представленных стратегических планов образовательных учреждений показывает, что, как правило, структура этих планов, формулировки миссии и системы целей не отвечают методологии стратегического планирования и фактически слабо учитывают особенности условий деятельности вузов.

3.3. Целевые индикаторы и показатели мероприятий и проектов программы

Показатели мероприятий и проектов программы далеко не всегда присутствуют в стратегических планах университетов, тогда как отсутствие измеримых показателей достижения поставленных целей лишает возможности количественно оценить результаты выполнения плана и эффективно управлять процессом выполнения плана.

В идеале, определение целей и задач должно сопровождаться определением измеримых показателей достижения этих целей. В настоящий момент такие показатели присутствуют отнюдь не во всех стратегических планах вузов. Там, где показатели используются, встречаются как показатели конечных результатов, так и промежуточных, а также показатели используемых ресурсов [10].

Обобщение представленных в планах университетов *показателей*, а также анализ предложенных разделов стратегического плана вуза, позволяет выделить следующие группы используемых показателей:

-показатели, характеризующие ***результаты образовательной деятельности*** (*число студентов, обучающихся по* разным, в том числе, *приоритетным направлениям*, количество студентов, окончивших курс в установленные сроки; количество аспирантов на 100 студентов приведенного контингента; доля выпускников вуза, трудоустроившихся по специальности (в течение 3 лет после окончания вуза)), и отражающие достижение таких целей и задач как З1, С1, С4, Ц1, М1.

-показатели, характеризующие ***результаты выпускников*** (количество выпускников, продолживших образование в магистратурах и аспирантурах; *количество принятых в аспирантуру и докторантуру из сторонних организаций, процент устроившихся* на работу после выпуска и т.п.) и отражающие достижение таких целей и задач как С1, Ц1, З1, М1;

-показатели ***профессиональной переподготовки*** и повышения квалификации по приоритетным направлениям (*количество человек*), отражающие достижение таких целей и задач как С4, С3, З1, М1;

-показатели ***удовлетворенности студентов и выпускников*** уровнем образования (по данным национальных опросов и внутренних опросов вузов) и отражающие достижение таких целей и задач как С1, С3, С8, Ц3, З1,З2;

-показатели ***результативности и качества научной деятельности*** (в качестве основного во всех вузах используется *показатель объемов* внешнего коммерческого и грантового *финансирования*, *в том числе по приоритетным направлениям; доходы от реализованной научно-технической продукции и прав на результаты интеллектуальной деятельности университета; количество объектов интеллектуальной собственности, поставленных на учет; доля ОКР в общем объеме НИОКР, количество оснащенных НИЛ*, а также используются *показатели количества публикаций и индекса цитирования*), отражающие достижение таких целей и задач как С1, С4, С5, Ц1, Ц2, З2;

-***показатели развития кадрового потенциала***, участия преподавателей и студентов в научной деятельности (*доля докторов и кандидатов наук, доля работников до 49 лет, доля работников,* *прошедших стажировки в ведущих мировых центрах*), отражающие достижение таких целей и задач как Ц1, Ц2, З1, З2, З3, М4;

-показатели ***коммерциализации исследований*** и разработок (число патентов; доходы от коммерциализации и т.п.), отражающие достижение таких целей и задач как С4, С1, Ц1, Ц2, З2;

-показатели ***связей с местным сообществом*** (количество мероприятий, проведенных для местного сообщества, субъективные оценки роли университета в жизни местного сообщества);

-показатели ***международного признания и интернационализации*** (*количество и доля иностранных студентов*, число зарубежных преподавателей, *число международных исследовательских проектов и международного финансирования*, показатели интернациональной мобильности студентов, субъективная оценка вуза международным академическим сообществом), отражающие достижение таких целей и задач как С6, Ц2, Ц1, З1, З2, З5, М7;

-***места вузов*** в национальных и международных рейтингах и рэнкингах;

-показатели ***связей с выпускниками*** (количество участников ассоциаций выпускников, благотворительные взносы выпускников и т.п.);

-показатели ***обеспеченности ресурсами*** (обеспеченность компьютерами и доступом в Интернет, оборудование аудиторий и лабораторий, показатели обновления библиотечных фондов, доступ к электронным библиотекам, и т.п.), отражающие достижение таких целей и задач как С2, С8, З1, З2, З4, М3;

-показатели ***удовлетворенности студентов и преподавателей*** инфраструктурой и сопутствующими услугами университетов;

-показатели ***финансовой устойчивости и экономической эффективности*** (*финансовое обеспечение программы из различных источников*, *средняя зарплата*, снижение отдельных видов затрат, показатели финансовой устойчивости, диверсификация источников доходов и т.п.), М8;

-***объемы финансового обеспечения*** (*разработки образовательных программ, развития информационных ресурсов, внедрения прогрессивных форм обучения и исследований, модернизация лабораторий, повышения квалификации, совершенствование системы управления качеством образования и исследований, связи с зарубежными организациями*), отражающие достижение таких целей и задач как 31, М2;

-ввод в действие определенных объектов (строительство зданий, открытие исследовательских центров и т.п.);

-***социальные показатели*** (количество и доля студентов из определенных социальных или национальных групп, доступ к образованию студентов с ограниченными возможностями и т.п.);

-***«процедурные» показатели*** (введение определенных процедур и правил – системы оценки качества управления, внутренних правил и т.п.), отражающие достижение таких целей и задач как 31, 34.

Как видно, между сформулированными целями и задачами стратегического плана и системой показателей, позволяющих оценить степень достижения поставленных целей нет полного соответствия. Этот факт говорит о необходимости дополнять разработку плана разработкой системы показателей. Причем, система показателей должна охватывать как корпоративный уровень, так и уровень основных структурных подразделений университета, и обеспечивать взаимосвязь деятельности на этих уровнях.

4. Разработка стратегий и планов основных подразделений университета (стратегических единиц университета)

Процесс разработки стратегических планов стратегических единиц университета (СЕУ) представлен на рис.2.1 блоками 8 – 13.

Стратегический план кафедры разрабатывается на основе анализа внешней среды, касающейся ее конкретного направления деятельности – запросов потребителей (работодателей, выпускников, абитуриентов, студентов), состояния и перспектив развития экономики и отраслей, на которые ориентирована деятельность кафедры, изменений законодательной базы и внутренних возможностей кафедры, ее ресурсного и кадрового обеспечения.

В стратегическом плане отражаются принципиальные решения по развитию и организации деятельности кафедры, по открытию новых уровней и направлений подготовки (магистратура, профили бакалавриата, и т.п.), разработке и использованию новых форм обучения (заочное, дистанционное обучение), новых технологий и методов обучения (методика активации освоения учебных знаний), корректировки учебных планов и рабочих программ (введение новых дисциплин, и т.п.), развития материального, информационного, кадрового обеспечения, и т.д.

Представленный выше анализ, опыт кафедры ЭКО НИУ «МЭИ», а также анализ опубликованных стратегических планов кафедр, разработанных в ряде университетов, позволяет предложить следующий состав разделов стратегического плана кафедры:

1. Существующая ситуация и миссия кафедры;

2. Оценка конкурентных преимуществ, стратегических проблем и возможностей развития кафедры;

3. Программные функциональные стратегии по направлениям деятельности кафедры:

3.1. Стратегия учебной деятельности;

3.2. Стратегия научной деятельности;

3.3. Стратегия консалтинговой деятельности;

3.4. Развитие материально-технической базы;

3.5. Стратегия финансового обеспечения и мотивации персонала;

3.6. Стратегия кадрового обеспечения;

3.7. Стратегия продвижения и работы с общественностью;

3.8. Стратегия публикаций.

В соответствии со стратегическим планом осуществляется разработка и реализация годовых планов и программ. По итогам выполнения годовых планов определяются достигнутые показатели и, в случае существующих отклонений, вносятся коррективы и уточнения в следующем годовом плановом периоде.

Основная цель - миссия стратегического подразделения формируется в рамках корпоративной стратегии университета и детализирует (конкретизирует) ее в рамках направления подготовки, проводимого подразделением.

Так для кафедры Экономики промышленности и организации предприятий (ЭКО) МЭИ миссия и существующая ситуация определены следующим образом:

«Миссия кафедры состоит в том, чтобы через исследования, образование и работу с промышленностью в области энергетики, энергосбережения и инновационного высокотехнологичного бизнеса способствовать экономическому росту страны».

Выбор миссии определяется сложившейся в национальной экономике ситуацией. Нет сомнений в том, что в ближайшие 5-10 лет топливно-энергетический комплекс по-прежнему будет определяющим в развитии национальной экономики. Перед электроэнергетикой стоят большие задачи как организационного, так и технологического реформирования. В сфере потребления энергии на первый план выходит проблема энергосбережения, снижения энергоемкости национальной экономики.

Деятельность в этих областях потребует новых знаний (**исследования**), их передачи новым и существующим кадрам (**образование**), а также реализации в промышленности (**бизнес**).

В стране начинается переход экономики от сырьевой направленности к инновационному пути развития. Переход на инновационный путь развития потребует новых технологий, которые должны быть созданы или куплены в нужное время. На первое место в условиях глобализации в этом отношении будут выходить вопросы экономической безопасности и конкурентоспособности российских технологий. Создание технологий в этих условиях потребует обширных знаний по экономике и управлению, потребность в квалифицированном инновационном менеджменте будет нарастать.

Состояние дел в экономике, особенно в таких сложных отраслях как энергетика, где, по существу, используется не одна какая-то базисная технология, а целый набор технологий, требует от управленцев знаний как в области экономики и менеджмента, так и инженерных знаний. Такие же требования к менеджерам предъявляет инновационная деятельность и коммерциализация технологий.

Поэтому наше видение заключается в опережающей подготовке специалистов, обладающих инженерными и экономико-управленческими знаниями и компетенциями, соответствующими сегодняшним глобальным мировым тенденциям. Наше намерение – сформировать эту связь между двумя крупными областями знаний – техникой (технологией) и экономикой, а именно:

- проводя исследования на междисциплинарной основе, вовлекая в них специалистов различных, необходимых для проектов, областей знаний;
- апробируя и применяя полученные результаты в обучении и сотрудничестве с промышленностью;
- оказывая услуги промышленности (консалтинг) на основе полученных знаний и разработанных алгоритмов решения технико-экономических и управленческих задач.

Для выполнения главной цели – миссии кафедры определяются частные цели, необходимые для достижения главной, а также разрабатываются соответствующие стратегические направления их достижения. Частные цели и стратегические направления их достижения формулируются для каждого из видов деятельности кафедры.

Основными функциональными стратегиями деятельности кафедры являются: учебная деятельность, научная деятельность, консалтинговая деятельность.

Остальные виды деятельности являются соподчиненными основным и должны обеспечивать их. К соподчиненным видам деятельности относятся: развитие материально-технической базы, деятельность по финансовому обеспечению и мотивации персонала, кадровое обеспечение, взаимодействие с промышленностью, продвижение и работа с общественностью, издательская деятельность (публикации). Научно-исследовательская деятельность кафедры рассматривается как основа для повышения квалификации преподавательского состава, качества обучения и преподавания и подготовки кадров высшей научной квалификации.

При формировании частных целей и соответствующих программных и функциональных стратегий по видам деятельности кафедры выявляются и используются сильные стороны деятельности кафедры в виде особых компетенций и качества внутренних ресурсов (конкурентные преимущества), а также учитываются стратегические проблемы (слабые стороны) в деятельности кафедры и стратегические возможности развития кафедры.

Таким образом, стратегия кафедры включает миссию ее деятельности по направлению, профилю подготовки, стратегические цели, функциональные стратегии и цели по областям деятельности подразделения (финансы, учебная работа, научная работа, подготовка кадров, материально-техническое обеспечение, и т.д.).

В ходе стратегического планирования должен быть проведен анализ внешней и внутренней среды, выработаны ответы на вопросы, касающиеся образовательной и научной деятельности кафедры:

-конкурируем ли мы на региональном, национальном или глобальном рынке;

-какова наша основная деятельность: обучение, исследования мирового уровня, прикладные исследования, взаимодействие с бизнесом и др.;

-какова наша рыночная ниша в обучении: подготовка бакалавров, магистров, подготовка, преимущественно, студентов из своей страны (или региона) или иностранных, традиционное или дистанционное обучение и т.п.;

- в каких областях мы являемся лидерами;

- занимаем ли мы определенную рыночную нишу;

- насколько устойчива база наших будущих студентов;

- не являемся ли мы слишком зависимыми от одного или двух источников финансирования;

- будет ли ситуация меняться в течение следующих лет;

- собираемся ли мы изменять свое позиционирование: выходить на новые рынки или отказываться от каких-то видов деятельности.

В результате вырабатываются планируемые изменения:

- рост или сокращение числа студентов по конкретным направлениям, профилям, специальностям;

- изменения в структурном составе студентов по формам обучения (например, изменение числа студентов из разных сегментов и т.п.);

- изменение формата обучения (дневная / заочная формы, дистанционное обучение и т.п.);

- изменение уровня платы за обучение;

- изменение структуры преподавательского корпуса (штатные преподаватели/ «почасовики»);

- различные методические и технологические подходы к преподаванию и обучению;

- различные уровни капитальных расходов на строительство, закупку оборудования и т.п.;

- рост или сокращение объема/прибыльности договорных исследовательских работ;

- изменение уровня расходов вспомогательных функций.

Недостатки существующего стратегического планирования в НИУ «МЭИ»

В этой главе речь пойдет об анализе стратегических планов НИУ «МЭИ» и кафедры «Экономики промышленности и организации производства».

Для внедрения сбалансированной системы показателей у ВУЗа должна быть четкая, структурированная стратегия. Однако стратегический план как таковой во многих российских ВУЗах либо совсем отсутствует, либо представляет собой документ с набором туманных формулировок, таких как «стабильное положение на рынке», «повышение рентабельности», «снижение издержек», никак не ориентированных на претворение стратегических целей в жизнь.

Опираясь на документ стратегического планирования НИУ «МЭИ» - «Программа развития ГОУ ВПО МЭИ (ТУ) на 2010-2019 гг., утвержденной приказом Минобрнауки РФ от 26 июля 2010 г. №802», устав НИУ «МЭИ» и проведя анализ стратегических планов в НИУ «МЭИ» аналитическим методом и методом интервьюирования, мы пришли к выводу, что существующий стратегический план ВУЗа представляет собой документ с набором общих, не конкретных целей, которые мало отражают специфику энергетической отрасли и направлений работы университета.

Университет работает по различным направлениям:

-энергетическая эффективность и энергосбережение;

-тепловая и атомная энергетика;

-электроэнергетические системы и сети;

-нетрадиционные и возобновляемые источники энергии;

-экология и безопасность энергетики;

-экономика и управление на предприятиях теплоэнергетики.

Но они не в полной мере учтены и отражены в стратегическом планировании, которое имеется на данный момент.

Так же разработка корпоративной стратегии происходит практически без участия стратегических подразделений университета, а разработка стратегий на уровне подразделений не рассматривается как обязательное условие создания и функционирования стратегического планирования и управления университетом.

Существующий стратегический план НИУ «МЭИ» не отвечает требованиям современной жизни и требует дальнейшей разработки и усовершенствований.

В практике деятельности университета уровень стратегического планирования и управления основных подразделений и формирование стратегических планов подразделениями университета (СЕУ) – факультетами (институтами), кафедрами – практически отсутствует.

Так, например, при исследовании наличия стратегического планирования на кафедрах НИУ «МЭИ» была выявлена следующая картина: из 70 кафедр НИУ «МЭИ» только 8 кафедр разрабатывают стратегический план, что составляет 11,4 % в целом по университету (рис.2.2).

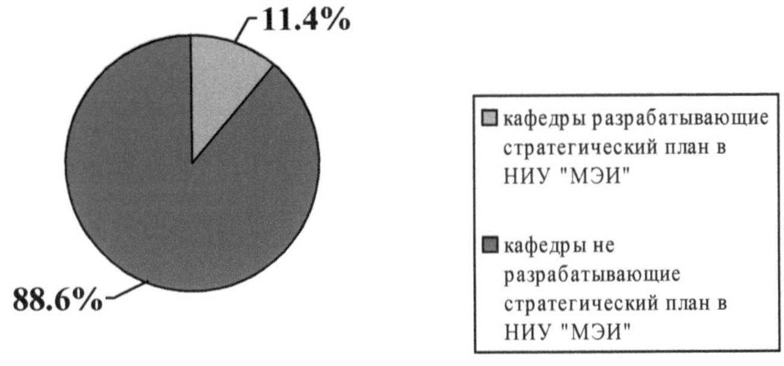

Рисунок 2.2- Доля кафедр НИУ «МЭИ», разрабатывающих стратегические планы

Таким образом, на сегодняшний день только 11,4 % кафедр в НИУ «МЭИ» разрабатывают стратегический план, что соответственно отражается на их деятельности и деятельности ВУЗа в целом.

Глубоко изучив существующую систему стратегического планирования НИУ «МЭИ» мы пришли к выводу, что она недостаточно совершенна и требует дальнейших разработок.

Анализ существующей системы стратегического планирования НИУ «МЭИ» и меры по совершенствованию данной системы приведем в нижеследующей таблице (табл.2.1)

Таблица 2.1- Анализ существующей системы стратегического планирования НИУ «МЭИ» и меры по совершенствованию данной системы

Характеристики существующей системы стратегического планирования ВУЗа	**Недостатки существующей системы**	**Необходимые изменения в системе стратегического планирования ВУЗа и меры по совершенствованию планирования**
1.Разрабатывается стратегический план только на корпоративном уровне	Отсутствует необходимость взаимосвязи стратегии планов деятельности подразделений по направлениям подготовки с общекорпоративной стратегией	Необходима разработка трех видов взаимоувязанных стратегий и соответствующих планов: 1.Корпоративная стратегия; 2.Стратегии основных структурных подразделений; 3.Функциональные стратегии. -Определена система стратегического планирования университета; -Разработана модель и этапы процесса разработки стратег. планов университета
2.В общекорпоративной стратегии и планах вуза отсутствует анализ и решения по направлениям подготовки выпускников и направлениям НИР	Снижается конкурентоспособность ВУЗа по отдельным направлениям подготовки. Подразделения ВУЗа вырабатывают несогласованные решения.	Необходима разработка методических рекомендаций по разработке общекорпоративной стратегии с учетом анализа рынка ОУ по отдельным направлениям подготовки выпускников и направлениям НИР. -Разработаны рекомендации по разработке общекорпорат.-ой стратегии с учетом анализа рынка ОУ по отдельным направлениям подготовки выпускников и НИР.
3.В стратегических планах отсутствует раздел,	Отсутствие корректного системного подхода к	Анализ должен проводиться с участием основных стратегических подразделений

определяющий место вуза, положение вуза по отдельным направлениям и цели ориентированные на обеспечение устойчивого существования вуза на рынке ОУ	разработке системы стратегических планов университета негативно сказывается на рейтинге вуза, не эффективном управлении вузом	университета. Данный анализ должен отражать миссию и главные цели деятельности, которые должны носить преимущественно рыночный характер. -Разработаны методические рекомендации по структуре стратегического плана университета.
4. -Цели и показатели мероприятий и проектов программы не присутствуют в стратегических планах университета; -Не все цели и задачи имеют показатели достижения целей и задач программы	Отсутствие измеримых показателей достижения поставленных целей лишает возможности количественно оценить результаты выполнения плана и эффективно управлять процессом выполнения плана	-Показатели мероприятий и проектов программы должны присутствовать в стратегических планах вуза; -Определение целей и задач должно сопровождаться определением измеримых показателей достижения этих целей. -Разработаны стратегические цели и соответствующие им показатели
5. Между сформулированными целями и задачами стратегического плана и системой показателей, позволяющих оценить степень достижения поставленных целей нет полного соответствия	Несоответствие сформулированных целей и задач в стратегическом плане с системой показателей, оценивающей достижение поставленных целей, способствует неэффективному выполнению стратегического плана	-Необходимо дополнять разработку плана разработкой системы показателей; -Система показателей должна охватывать как корпоративный уровень, так и уровень основных структурных подразделений университета, и обеспечивать взаимосвязь деятельности на этих уровнях. -Разработаны стратегические цели и соответствующие им показатели
6.Лишь 1/8 часть кафедр из общего числа кафедр университета разрабатывает стратегический план	Недооценивание важности разработки стратегического плана кафедрами в университете ведет к неэффективному управлению и неполной реализации потенциальных возможностей кафедр; -Не учитываются внешние факторы	-Разработка корпоративной стратегии должна происходить с участием стратегических подразделений университета; -Разработка стратегий на уровне подразделений должна рассматриваться как обязательное условие создания и функционирования стратегического планирования и управления университетом

Итогом проведенного исследования стали следующие результаты:

1. Обоснована необходимость в интересах подготовки кадров, готовых к работе в условиях инновационной экономики, использовать стратегический подход к планированию и управлению деятельностью как на уровне университета, так и на уровне его подразделений (факультетов, институтов, кафедр, лабораторий), который реализован в вузах РФ не в полной мере, а в большинстве случаев практически отсутствует;
2. Предложена модель процесса разработки системы стратегических планов университета, определяющая место подразделений университета в разработке планов;
3. Определены этапы процессов разработки системы планов и их содержание;

4. Предложена структура корпоративного стратегического плана (программы) университета, требования к разработке разделов корпоративного плана и рекомендации к содержанию разделов;
5. Предложена структура стратегического плана основного структурного подразделения университета – кафедры, требования к разработке разделов плана подразделения и рекомендации к содержанию разделов плана;
6. На основе корпоративного плана (программы) НИУ «МЭИ» разработан стратегический план кафедры «ЭКО» МЭИ.
7. Выявлены недостатки существующего стратегического плана НИУ «МЭИ», который не отвечает требованиям современной жизни и требует дальнейшей разработки и усовершенствований.

В следующей главе рассмотрено построение Системы сбалансированных показателей для ВУЗа, проводится исследование таких вопросов, как:

- актуальность ССП для ВУЗа, которая в классическом варианте применяется для управления предприятиями;
- подход к разработке ССП на примере НИУ «МЭИ»;
- построение карты стратегических целей и стратегий университета;
- разработка системы показателей.

5. Актуальность использования Системы Сбалансированных Показателей (ССП) в университетах

Процесс стратегического планирования охватывает все управленческие функции в институтах и в университете в целом. Не используя преимущества стратегического планирования, университет в целом и отдельные его институты, факультеты и управления будут лишены четкого способа оценки цели или направления корпоративного развития. Процесс стратегического планирования обеспечивает основу для управления персоналом университета.

Стратегическое планирование представляет собой набор действий и решений, предпринимаемых руководством институтов и университета, которые ведут к разработке стратегий, предназначенных для того, чтобы помочь университету достичь своих целей. В рамках процесса стратегического планирования различают четыре основных вида управленческой деятельности. К ним относятся: *распределение ресурсов, адаптация к внешней среде, внутренняя координация и организационное стратегическое предвидение*.

В целях повышения эффективности системы управления вузом целесообразно использовать Систему Сбалансированных Показателей (ССП) - Balanced Score Card (BSC). Основная идея формирования ССП заключается в выражении стратегических целей университета через систему показателей эффективности достижения целей. Система показателей является своеобразной системой координат, в которой цель формулируется в виде целевых значений показателей, а стратегический план строится как траектория движения к цели во времени.

Выбор ССП был обусловлен тем, что она позволяет одновременно:

- связать частные стратегические цели с оперативными

действиями, позволяющими реализовать главную стратегию;

- учесть нефинансовые показатели, что необходимо для оценки деятельности университета, связанной с нематериальными активами и информацией;
- своевременно реагировать на несоответствия в ключевых процессах посредством сравнения измеряемых достигнутых и запланированных показателей, которые отображают процессы по достижению этих результатов;
- систематизировать цели и разработать показатели по выделенным основным аспектам деятельности организации (например, финансы, клиенты, внутренние процессы, обучение и рост) образуют всеохватывающую схему для «проводки» сверху вниз главной стратегии университета по всем её иерархическим уровням;
- дискуссии по проблеме реализации стратегии приобретают объективный характер в связи с необходимостью определения единиц измерения и благодаря так называемой стратегической карте;
- предлагаемая система управления делает возможной широкую, сориентированную на обучение, коммуникацию по всем уровням университета;

Таким образом, реализация представленной концепции позволит своевременно вносить коррективы в стратегию развития университета.

В следующем разделе речь пойдет о разработке ССП в вузе на примере (НИУ «МЭИ»).

6. Разработка системы сбалансированных показателей в университете

Разработка стратегии и управление ее реализацией является

определяющим фактором для достижения успеха в современном менеджменте. Для решения данной задачи необходим комплексный подход с определением стратегических целей, коммуникации их персоналу, внедрением в жизнь и внесением своевременных корректировок в деятельность организации.

ССП – мощный инструмент управления стратегией вуза, рассматривающий его деятельность в нескольких перспективах и производящий мониторинг эффективности не только по финансовым показателям, но и по качеству работы с обучающимися, персоналом, информационными технологиями, учебным и воспитательным процессами, взаимодействию с потребителями и др.

Система названа сбалансированной, так как:

1. ее составляющие логически связаны и дают комплексное представление о предприятии как экономическом субъекте;

2. она позволяет осуществлять мониторинг нефинансовых показателей (наряду с финансовыми) для оценки деятельности, связанной с нематериальными активами и информацией, таких как способность к инновационному развитию; способность удержать существующих и привлечь новых потребителей; знания и опыт персонала; социальный имидж предприятия;

3. при ее использовании соблюдается баланс между стратегическим и оперативным уровнями управления, прошлыми и будущими результатами, внутренними и внешними аспектами деятельности предприятия.

Цель ССП можно сформулировать как диагностирование состояния бизнес-процессов для принятия объективных управленческих решений.

Обозначим две основные сферы применения ССП (табл.3.1): диагностика состояния предприятия и принятие управленческих решений, направленных на регулирование бизнес-процессов.

Таблица 3.1- Сферы применения и направления использования ССП

Сфера	Направление использования
Диагностика (информационное обеспечение и анализ)	- создание на базе данных оперативного управленческого и финансового учета информационной системы поддержки управленческих решений; - изучение возможных состояний бизнес-процессов; - изучение связей между бизнес-процессами
Принятие решений (планирование, организация и контроль)	- выявление возможных состояний системы «предприятие», закономерностей развития (прогноз); - установка плановых значений показателей, способствующих достижению целей предприятия; - контроль достижения плановых значений, выявление причин отклонений факта от плана, определение степени влияния отклонений на конечные результаты деятельности предприятия; - координация всех бизнес-процессов на основе выявленных в процессе диагностики взаимосвязей между их параметрами; - стимулирование персонала предприятия исходя из достигнутых значений показателей деятельности

Сфера диагностики объединяет такие функции управления, как информационное и аналитическое обеспечение процесса принятия решений. Функции планирования, организации и контроля отражают протекание процесса управления во времени, здесь и происходит принятие решений.

Система Сбалансированных Показателей переводит миссию и главную стратегию университета в систему четко поставленных частных стратегических целей и задач, а также показателей, определяющих степень достижения данных установок, сгруппированных в четыре основные проекции: «Финансы», «Клиенты», «Внутренние процессы», «Инфраструктура/Сотрудники (Обучение/развитие)» (табл.3.2).

Таблица 3.2- Характеристика стру ктуры ССП

Составляющая (перспектива)	Ключевой вопрос
Финансы	Как стратегия повлияет на финансовое состояние компании?
Клиенты	Как мы должны выглядеть перед нашими клиентами чтобы реализовать свою стратегию?
Внутренние бизнес-процессы	Какие процессы стратегически важны?
Инфраструктура/сотрудники (Обучение/развитие)	Как мы будем поддерживать нашу способность к изменению и совершенствованию чтобы реализовать стратегию?

Ниже мы подробно рассмотрим каждую из перспектив системы сбалансированных показателей.

Проекция «Финансы» является одной из ключевых составляющих системы сбалансированных показателей. Несмотря на то, что упор делается на измерение нефинансовых факторов, тем не менее, финансовые результаты являются основными критериями оценки текущей деятельности предприятия. Финансовые цели стоят во главе дерева целей организации, однако существует очень тесная взаимосвязь с целями проекций «Клиенты», «Внутренние бизнес-процессы» и «Инфраструктура/сотрудник (Обучение/развитие)».

Проекция «Клиенты» предназначена для определения ключевых сегментов рынка, на которых компания намеревается сосредоточить свои усилия по продвижению и реализации своих продуктов. Основными показателями эффективности в данной проекции являются удовлетворенность покупателей, удержание клиентов, приобретение новых клиентов, прибыльность клиентов, доля рынка в целевых сегментах и т.д.

Проекция «Внутренние бизнес-процессы» идентифицирует основные процессы, которые следует усовершенствовать для укрепления конкурентных преимуществ. Организации требуются эффективные и гибкие бизнес-процессы. Часто в крупных организациях процессы очень громоздки и перегружены. Сбалансированная система показателей делает акцент на том, что во многих случаях осуществление тех или иных процессов происходит без должного понимания конечного результата и его ценности для клиентов или акционеров. Показатели данной проекции фокусируются на процессах, осуществляющих основной вклад на пути достижения намеченных финансовых результатов и удовлетворения покупателей. Эффективность бизнес-процессов определяет ценность предложения компании, от которого зависит количество привлеченных клиентов и конечный финансовый результат.

Четвертая проекция системы сбалансированных показателей – «Обучение и рост». Это то окружение, которое организация должна построить для того, чтобы обеспечить развитие в долгосрочной перспективе. Развитие организации является синергетическим результатом трех основных факторов: человеческих ресурсов, информационных систем и организационных процедур. Для того чтобы обеспечить себе долгосрочное присутствие на рынке, бизнес должен инвестировать средства в повышение квалификации своих сотрудников, информационные технологии и процедуры [11].

Таким образом, все четыре проекции системы сбалансированных показателей взаимосвязаны между собой и должны способствовать реализации единой стратегии организации. Эдвард Нортон и Роберт Каплан не настаивают на том, что предложенная ими структура охватывает все стороны деятельности организации. Но они отмечают, что современная компания должна работать, по крайней мере, с четырьмя указанными проекциями, но в зависимости от ситуации - рыночной конъюнктуры, отраслевой специфики, масштабов производства и пр. - число проекций может расти [12].

Учитывая, что ССП была разработана для бизнес-структур, ее внедрение в образовательную сферу потребовало определенной модификации. Анализ системы стратегического планирования в вузах показал необходимость введения в стратегию раздела, отражающего положение вуза на рынке образовательных услуг и формулирования рыночных целей, ориентированных на обеспечение устойчивого существования вуза на рынке. Таким образом, в состав проекций необходимо введение новой проекции «Условия устойчивого существования вуза на рынке образовательных услуг». Ниже представлена сравнительная характеристика классической структуры ССП с проектным вариантом ССП для ВУЗа (табл.3.3).

Таблица 3.3- Сравнительная характеристика структуры ССП в классическом варианте и в проектном предложении для ВУЗа

Классический вариант построения ССП организации	**Проектный вариант ССП для ВУЗа**
Внутренние процессы	Внутренние процессы
Финансы	Финансы
Клиенты/рынок	Клиенты/рынок
Инфраструктура/сотрудники (Обучение/развитие)	Инфраструктура/сотрудники (Обучение/развитие)
-	**Условия устойчивого существования вуза на рынке образовательных услуг**

Проекции («Внутренние процессы», «Инфраструктура/сотрудники», «Клиенты/рынок», «Финансы») идентичны по названию, хотя наполняемость показателями различается – проектный вариант ССП для ВУЗа учитывает специфику образовательной сферы. Дополнительно введена проекция «Условия устойчивого существования вуза на рынке образовательных услуг». Это связано с тем, что в условиях рынка устойчивое и прибыльное функционирование университета возможно при условии ориентации его деятельности на удовлетворение актуальных потребностей экономики и общества в целом, поэтому в систему целей деятельности университета введена данная проекция, отражающая миссию и главные цели деятельности вуза, которые должны носить преимущественно рыночный характер.

Таким образом, на основе анализа мирового опыта внедрения ССП в сфере ВПО, нами исследована гипотеза об изменении классического перечня проекций ССП и добавлении дополнительной проекции – «Условия устойчивого существования вуза на рынке образовательных услуг», что не противоречит классической теории ССП [13]. Цели данной перспективы являются проекцией миссии вуза на ценность, которую составляет университет для России, Европы и Мира.

Анализ частных целей каждой из функциональных стратегий (проекций) позволяет ответить на следующие основные вопросы:

-Каким университет должен быть, чтобы занять достойное место на рыке ОУ (перспектива «Условия устойчивого существования вуза на рынке образовательных услуг»)?

-Каким университет представляется своим потенциальным инвесторам (перспектива «Финансы»)?

-Каким университет представляется своим студентам, сотрудникам, работодателям (перспектива «Клиенты»)?

-Какие ключевые процессы университет должен улучшить, на каких сосредоточиться (перспектива «Процессы»)?

-С помощью, каких ресурсов университет сможет продолжать свое развитие и повышать эффективность своей деятельности (перспектива «Инфраструктура/ сотрудники»)?

Далее рассмотрим из каких этапов состоит процесс разработки ССП.

Процесс разработки ССП заключается в последовательном выполнении четырёх следующих этапов:

1. Разработка стратегических целей, достижение которых

будет способствовать реализации миссии и главной стратегии (сбалансированность). Каждая стратегическая цель должна быть связана с одной из проекций развития университета;

2. Разработка частных целей, нацеленных на реализацию каждой из выбранных пяти стратегических целей по соответствующим проекциям; Связывание стратегических целей причинно-следственными цепочками – построение стратегической карты;

3. Разработка показателей, с помощью которых будет измеряться уровень достижения каждой частной цели;

4. Внедрение ССП в оперативную деятельность университета.

Каждый проект по ССП, как правило, начинается со сбора данных для формализации стратегии. Ниже рассмотрим подробно этапы внедрения ССП в ВУЗ.

7. Разработка стратегической карты целей и стратегий университета

На первом этапе последовательно сверху вниз по перспективам «Условия устойчивого существования вуза на рынке образовательных услуг», «Финансы», «Клиенты», «Внутренние процессы», «Инфраструктура/сотрудники» разрабатываются стратегические цели, достижение которых будет способствовать реализации миссии и главной стратегии. Целевые показатели в ключевых областях деятельности университета являются инструментами управления реализацией плана. С другой стороны, ССП - это набор целевых показателей с чёткой структурой (пять проекций). Университет рассматривается с пяти точек зрения, выявляются его цели в этих пяти важнейших областях. Стратегически важными являются все пять проекций, а не только финансовая проекция, или проекция «клиенты».

На основе миссии, проведенного анализа внутренней и внешней среды деятельности университета, выявленных стратегических приоритетов и в соответствии с особенностями разработки ССП разработана панель стратегических целей, представляющая собой проекцию миссии на примере НИУ «МЭИ» по 5-и проекциям (табл.3.4).

В ней учтены критически важные в настоящее время для университета аспекты:

- условия устойчивого существования на рынке ОУ;
- управление финансами;
- взаимодействие с потребителями;
- управление ключевыми процессами (образовательная и научная деятельность);
- интеллектуальный капитал и инфраструктура университета.

Стратегические цели – это цели, которые отнесены по времени в достаточно отдаленное будущее, которое, как правило, существенно отличается от того, что мы имеем в настоящее время. Встает вопрос, какие события и состояния университета и его институтов заполнят временное пространство между настоящим и будущим НИУ «МЭИ»? Ответ на этот вопрос и дает декомпозиция стратегических целей на частные цели и подцели, выполняемая на следующем этапе[14].

Эти цели и показатели затем детализируются до уровня подразделений и исполнителей, переводя стратегию университета на язык персонифицированных задач и критериев эффективности их решения (табл.3.4).

Таблица 3.4- Панель стратегических целей НИУ «МЭИ»

Миссия НИУ «МЭИ»	Укрепление интеллектуального базиса энергетической эффективности и безопасности России путем комплексного развития на мировом уровне системы подготовки, переподготовки и закрепления высококвалифицированных кадров, создания новых образовательных, научно-исследовательских и производственных технологий для эффективной, надежной и экологически безопасной энергетики
Проекции	**Стратегические цели НИУ «МЭИ»**

1.Условия устойчивого существования на рынке ОУ	-Удовлетворение потребности общества и государства в квалифицированных специалистах с высшим профессиональным образованием (ВПО) и научно-педагогических кадрах высшей квалификации для энергетики и других высокотехнологичных отраслей экономики
2.Финансы	-Обеспечение экономической устойчивости НИУ «МЭИ» в рыночных условиях
3.Клиенты	-Создание экономических, организационных и информационных механизмов взаимовыгодной интеграции сферы ВПО с потенциальными потребителями знаний и работодателями
4.Внутренние процессы	-Создание системы генерации и распространения новых знаний, конкурентоспособных методов, технологий, инновации и совершенствование образовательной деятельности для кадрового обеспечения энергетики и других высокотехнологичных отраслей
5.Инфраструктура/сотрудники	-Развитие информационно-телекоммуникационной инфраструктуры соответствующей уровню лучших российских университетов и обеспечивающей условия для реализации инновационной модели развития НИУ «МЭИ», постоянного повышения качества образования и научных исследований

На втором этапе сбалансированная система показателей представляется не просто набором целей, но системой причинно-следственных связей между ними. Стратегические цели университета в каждой из пяти важнейших сфер его деятельности (проекций) связываются в единую «стратегическую карту целей».

На рисунках 3.1–3.5 представлены стратегические карты целей НИУ «МЭИ», в которых каждая приоритетная стратегическая цель связана с одной из проекций развития университета. Стратегическая карта - это прекрасный инструмент визуализации стратегии и контроля за её реализацией. Она позволяет всем сотрудникам университета легко понять, каковы основные законы, заложенные в стратегию развития НИУ «МЭИ», «приобщиться» к стратегии. Предложенные нами цели выделены светло-оранжевым цветом. Каждая стратегическая карта целей сбалансирована по вертикали - достижение целей нижних уровней способствует достижению целей верхних уровней. Нет целей, не поддержанных другими целями этого же или нижележащих уровней, кроме некоторых целей 5-го уровня. Нет целей, не поддерживающих цели этого же или вышележащих уровней, кроме целей 1-го уровня [15].

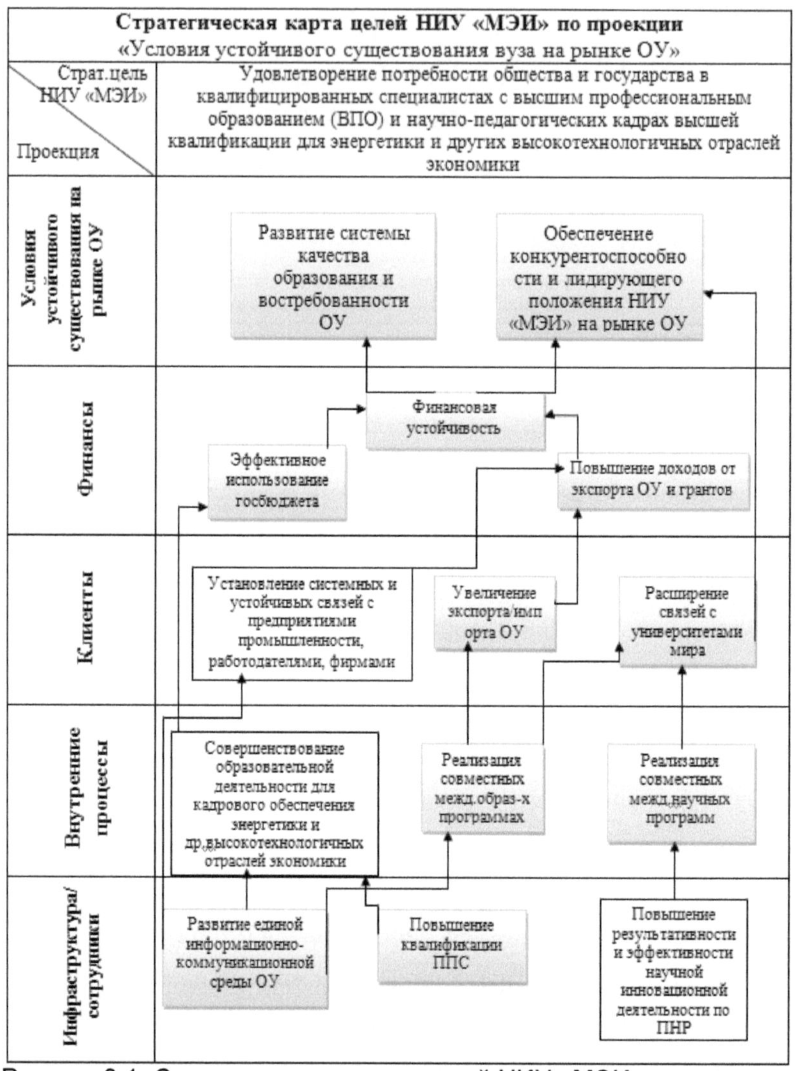

Рисунок 3.1- Стратегическая карта целей НИУ «МЭИ» по проекции «Условия устойчивого существования вуза на рынке ОУ»

Данная стратегическая карта целей ССП НИУ «МЭИ» содержит набор частных целей по пяти проекциям, раскрывающих способы достижения стратегических намерений университета в удовлетворении потребности общества и государства в квалифицированных специалистах, а также научно-педагогических кадрах высшей квалификации для энергетики и других высокотехнологичных отраслей экономики. Цели, выделенные другим цветом – были нами разработаны и добавлены. Так как существующий стратегический план НИУ «МЭИ» не отражает подобных целей, которые входят в проекцию и не в полной мере обеспечивает выполнения миссии университета.

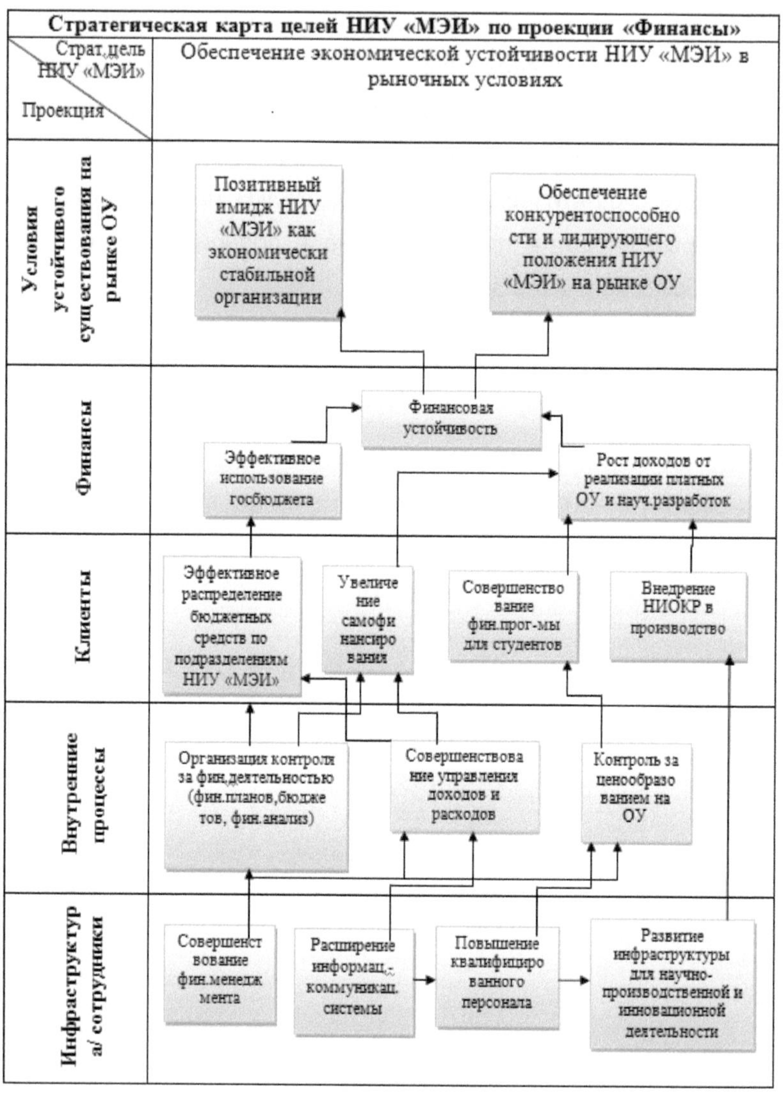

Рисунок 3.2- Стратегическая карта целей НИУ «МЭИ» по проекции «Финансы»

Данная стратегическая карта целей ССП НИУ «МЭИ» содержит набор частных целей, раскрывающих способы достижения стратегических намерений университета в области финансов, в частности – финансовой устойчивости.

Финансовая устойчивость - характеристика, свидетельствующая об устойчивом превышении доходов университета над его расходами, свободном маневрировании денежными средствами и эффективном их использовании, бесперебойном процессе реализации образовательных услуг и производства научной продукции. Финансовая устойчивость формируется в процессе всей научно-образовательной деятельности и является главным компонентом общей устойчивости университета.

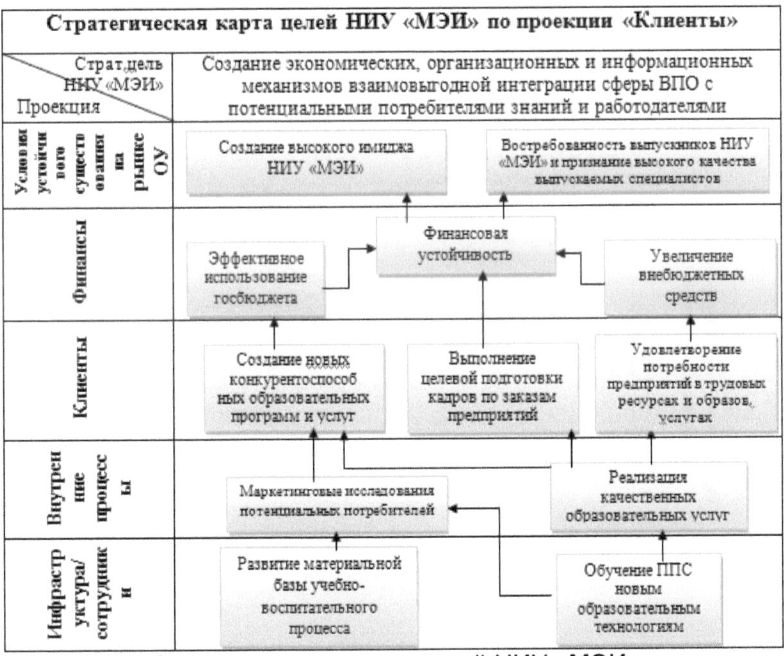

Рисунок 3.3- Стратегическая карта целей НИУ «МЭИ» по проекции «Клиенты»

Данная стратегическая карта целей ССП НИУ «МЭИ» содержит набор частных целей, раскрывающих способы достижения стратегических намерений университета в области установления взаимовыгодных отношений с потребителями образовательных услуг, а также с заинтересованными сторонами в лице работодателей и государства. Цели этой перспективы поддерживают рыночную перспективу НИУ «МЭИ».

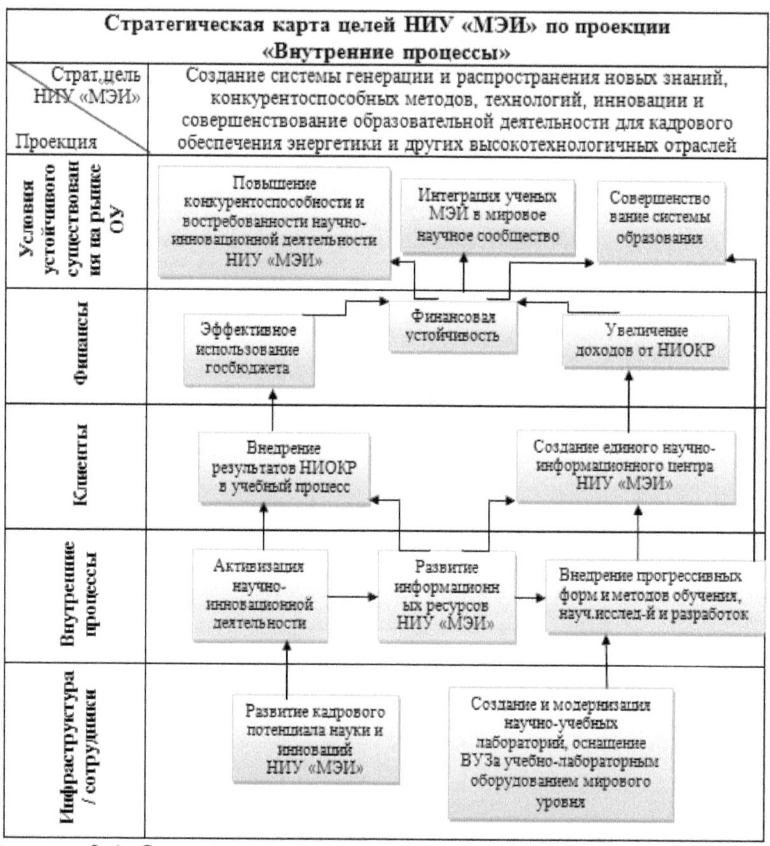

Рисунок 3.4- Стратегическая карта целей НИУ «МЭИ» по проекции «Внутренние процессы»

Данная стратегическая карта целей ССП НИУ «МЭИ» содержит набор частных целей, описывающие способы достижения нового состояния в области управления научно-исследовательской деятельностью, как ресурса для достижения целей во внутренних процессах.

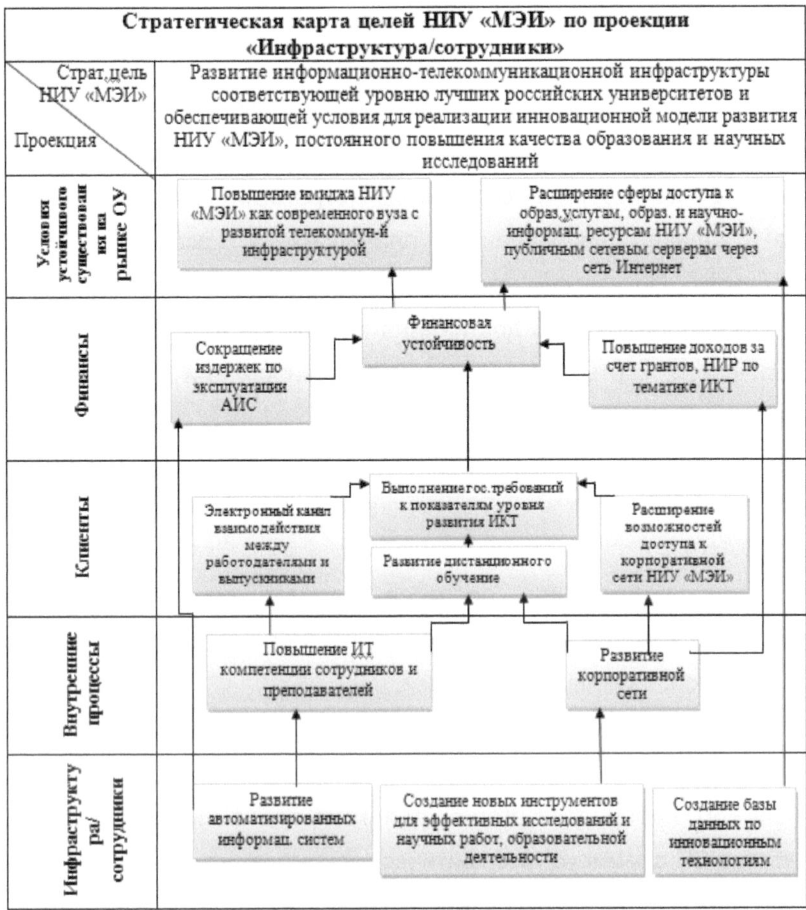

Рисунок 3.5- Стратегическая карта целей НИУ «МЭИ» по проекции «Инфраструктура/сотрудники»

Данная стратегическая карта целей ССП НИУ «МЭИ» содержит набор частных целей, описывающие способы достижения нового состояния в области информатизации университета, как одного из главных ресурсов для достижения целей во внутренних процессах.

Разработка сбалансированных показателей

При разработке ССП для каждой цели определяются измеримые показатели ее достижения. Эти показатели являются основой для регулярного мониторинга выполнения стратегии, служат критериями успеха, задают направления планирования всей деятельности университета. Показатели стратегических целей, с помощью которых будет измеряться уровень достижения каждой частной цели для каждой стратегической карты представлены в Приложении (Приложения А-Приложение Д).

В дальнейшем, на этапе реализации плана стратегического развития, показатели проецируются на подразделения организационной структуры НИУ «МЭИ».

Результатом выполнения процесса стратегического планирования являются два комплекса документов: а) стратегическая карта целей и б) карта сбалансированных показателей.

Стратегическая карта формализует стратегию, преследуемую университетом, а разработка сбалансированных показателей формализует набор показателей для контроля выполнения стратегии. Разработка СП суммирует все критические компоненты сбалансированной системы показателей университета в одном документе.

Она включает:

- список стратегических целей, которые берутся из стратегической карты целей университета;
- набор стратегических показателей, измеряющих прогресс в достижении этих целей;

Так же существует четвертый этап - механизм реализации плана стратегического развития вуза. Он представляет собой внедрение ССП в оперативную деятельность. В общей иерархии стратегического менеджмента, после выработки стратегий следует этап их реализации, который в стратегическом плане может быть представлен набором стратегических программ и проектов, раскрывающих стратегические цели вуза.

В данном издании мы не будем рассматривать этот этап, в силу того, что нашей задачей не является внедрение ССП в ВУЗ. У нас иные цели: мы доказываем необходимость использования ССП для ВУЗа и разрабатываем методические рекомендации по разработке ССП в ВУЗе.

Основная ценность концепции ССП в том, что она позволяет разработать регулярно функционирующую систему контроля, опирающуюся не только на «жесткие» показатели учета (например, выполнение НИОКР по срокам или объёму финансирования), но и на «мягкие» показатели мониторинга, такие, например, как имидж университета, удовлетворенность сотрудников, студентов и другие.

В процессе написания данной книги нами были разработаны новые цели и показатели, необходимые для стратегического планирования ВУЗа и сопоставлены с целями и показателями, по которым работает ВУЗ в настоящее время. В «Приложении Е» прилагается их сравнительный анализ.

Существующий стратегический план в НИУ «МЭИ» носит поверхностный характер: цели сформулированы неконкретно, неучтены важные сферы деятельности ВУЗа, такие как: работа с клиентами (абитуриенты, студенты, государство, организации и т.д.), управление внутренними процессами,

Цели, разработанные нами, способствуют совершенствованию образовательной деятельности, удовлетворению потребности общества и государства в квалифицированных специалистах и укреплению интеллектуального базиса энергетической эффективности.

Они отвечают требованиям современной высшей школы и дают возможность эффективно реализовывать стратегическое планирование на практике.

В следующей главе речь пойдет о методических рекомендациях по разработке системы стратегического планирования в ВУЗе и рекомендации по разработке Системы Сбалансированных Показателей в ВУЗе.

8. Методические рекомендации

Рекомендации по разработке системы стратегического планирования в ВУЗе и модель процесса разработки системы стратегических планов университета должны включать несколько этапов:

Этап I Стратегический анализ деятельности университета:

1) анализ существующего положения университета, определение состава ресурсов (внутренней среды), ее анализ, выявление сильных сторон деятельности университета, ключевых компетенций и слабых сторон деятельности;

2) выявление состава внешнего окружения университета, анализ внешней среды (окружения), тенденций ее развития и выявление опасностей и возможностей во внешней среде;

3) выявление состава заинтересованных групп (стейкхолдеров) и их позиций-целей.

Этап II Разработка корпоративной стратегии и плана университета:

1) формулирование видения и миссии университета и корпоративных целей (по направлениям подготовки кадров, научных исследований и по функциональным областям деятельности – финансы, кадры, технологии и оборудование и т.д.);

2) генерация стратегических альтернатив развития университета,

их анализ и оценка;

3) выбор и разработка корпоративной стратегии университета;

4) разработка мероприятий и программ по реализации корпоративной стратегии.

Стратегический план университета представляет собой концепцию функционирования и развития университета на заданную стратегическую перспективу. План представляется в виде миссии университета, стратегических приоритетов его развития, системы целей, важнейших управленческих решений и программы конкретных действий, которые способны реализовать данную концепцию и обеспечить организации конкурентные преимущества и устойчивое положение на рынке образовательных услуг.

Этап III Разработка стратегий и планов основных подразделений университета (стратегических единиц университета):

1) выявление состава внешнего окружения СЕУ, анализ внешней среды, тенденций ее развития и выявление опасностей и возможностей во внешней среде для СЕУ;

2) выявление состава заинтересованных групп по направлениям деятельности СЕУ и их позиций-целей;

3) определение состава ресурсов (внутренней среды), ее анализ, выявление сильных сторон деятельности СЕУ, ключевых компетенций и слабых сторон деятельности СЕУ;

4) формулирование видения, миссии и целей СЕУ;

5) генерация стратегических альтернатив развития СЕУ, их анализ и оценка;

6) выбор и разработка стратегии и плана СЕУ и функциональных стратегий СЕУ.

Таким образом, уровни стратегических планов университета образуют иерархическую структуру: корпоративная стратегия, стратегии основных структурных подразделений и функциональные стратегии. Для достижения успеха стратегии должны быть согласованы и тесно взаимодействовать друг с другом в процессах планирования и реализации. Каждый уровень образует стратегическую среду для следующего уровня, т.е. на стратегический план нижнего уровня накладываются ограничения стратегий более высоких уровней иерархии. В то же время цели и стратегические планы подразделений реализуют цели и планы корпоративного уровня.

Предложим разделы, из которых должна состоять структура стратегического плана университета:

Раздел I. Миссия, стратегические цели и задачи университета.

Рассмотрим первую составляющую раздела I- миссию:

1) Миссия университета должна определить главную цель его конкурентоспособности в наиболее общей форме, четко выражающую смысл и основную причину существования университета;

2) Определение миссии университета должно решить следующие *задачи*:

-формирование представления о направленности деятельности вуза, его целях и средствах их достижения;

-содействие формированию имиджа;

-выработка единого направления совместных действий для всех членов университетского сообщества;

-создание возможностей для более эффективного управления вузом.

3) Миссия вуза в развернутой формулировке, как правило, вырабатывается с учетом семи *факторов*: типология университета;

философия и история университета; целевые ориентиры; компетенции, ожидания внешней среды; ресурсы и возможности университета.

Стратегические цели и задачи университета должны формулироваться исходя из необходимости обеспечить выполнение миссии университета. Так же они должны:

-отражать специфику университета;

-соответствовать современным тенденциям на рынке образовательных услуг;

-отражать цели клиентов (государство, абитуриенты, работодатели и т.д.), внутренних процессов, управления финансами.

Раздел II Общая характеристика структуры деятельности.

Результаты анализа внешней и внутренней среды должны включать:

2.1.Описание общей характеристики и структуры деятельности университета.

2.2.Стратегические приоритетные направления развития университета в области образовательной, научной и инновационной деятельности.

Деятельность по этим направлениям должна обеспечить достижение целей и задач университета, сформулированных в разделе 1.

В этом разделе должны приводятся:

а) перечни приоритетных направлений научной деятельности университета;

б) перечни приоритетных направлений развития в области образования (направления обучения, достижение мирового уровня образования в конкретной сфере, современные методы и технологии образования, развитие человеческого потенциала и т.д.);

в) стратегические приоритеты (развитие динамичной научной среды, интегрированной с реальным сектором экономики, становление университета как обучающейся саморазвивающейся организации, и т.п.

2.3.Результаты анализа внешней среды – благоприятные условия (возможности) и угрозы (риски) со стороны внешней среды для университета.

2.4.Результаты анализа внутренней среды университета, инфраструктура и материально-техническое обеспечение вуза.

Анализ внутренней среды должен проводиться по основным ресурсам университета:

-кадровое обеспечение;

-финансовое положение;

-организационная культура и система управления;

-маркетинг;

-инфраструктура и материально-техническое обеспечение.

Результатом анализа должны стать выявленные слабые и сильные стороны деятельности университета.

2.5. Основные проблемы развития университета.

Раздел III Стратегическая программа

1)Цель стратегической программы;

2)Стратегические задачи, мероприятия и проекты программы;

3)Целевые индикаторы и показатели мероприятий и проектов программы.

Рекомендации по разработке ССП в университетте

Процесс внедрения ССП заключается в последовательном выполнении четырёх следующих этапов:

1)Разработка стратегических целей, достижение которых будет способствовать реализации миссии и главной стратегии. На этом этапе последовательно сверху вниз по перспективам «Условия устойчивого существования вуза на рынке образовательных услуг», «Финансы», «Клиенты», «Внутренние процессы», «Инфраструктура/сотрудники» разрабатываются стратегические цели, достижение которых будет способствовать реализации миссии и главной стратегии. Далее разрабатывается панель стратегических целей, представляющая собой проекцию миссии через стратегические цели ВУЗа по 5-и проекциям. Панель строится на основе миссии, проведенного анализа внутренней и внешней среды деятельности университета, выявленных стратегических приоритетов, сформулированной главной стратегии;

2)Декомпозиция стратегических целей на частные цели и подцели. Разработка частных стратегических целей, нацеленных на реализацию каждой из выбранных пяти стратегических целей по соответствующим проекциям. Связывание стратегических целей университета причинно-следственными цепочками – построение стратегической карты. Каждая карта целей сбалансирована по вертикали - достижение целей нижних уровней способствует достижению целей верхних уровней. Нет целей, не поддержанных другими целями этого же или нижележащих уровней, кроме целей 5-го уровня. Для каждой цели определяются измеримые показатели ее достижения.

3)Разрабатываются показатели стратегических целей с помощью которых будет измеряться уровень достижения каждой частной цели для каждой стратегической карты целей. Строится карта сбалансированных показателей, в которой отражены все частные цели и соответствующие им показатели по 5-ти проекциям. Проводится декомпозиция системы показателей общеуниверситетской карты целей на подразделения оргструктуры и назначение ответственных лиц (доведение до нижнего уровня планирования и учета, установление связи стратегии университета с оперативным управлением);

4)Внедрение ССП в оперативную деятельность университета. На этом этапе разрабатываются мероприятия (программы и проекты), которые должны обеспечить желаемый уровень показателя.

В общем случае, управление реализацией плана стратегического развития предусматривает использование следующих механизмов:

- Нормативно-правовое закрепление стратегического плана. (Обсуждение и принятие Ученым Советом, утверждение ректором университета);
- Продвижение стратегического плана. (PR-кампании, страничка на сайте НИУ «МЭИ» в Интернете, рассылка плана по руководителям программ);
- Система мониторинга и оценки результативности, выполнения которой состоит из следующих этапов:

1. Сбор краткосрочных значений показателей подразделения. На этом этапе с определенной ранее периодичностью собираются плановые и фактические значения показателей подразделения, выполняющего тот или иной проект стратегической программы. Определяются также плановые значения на следующий отчетный период. Данные значения утверждаются руководителем подразделения, ответственного за достижение показателя и предоставляются ответственным за достижение стратегической цели по программе.
2. Сбор информации по программам. С установленной периодичностью, руководители программ предоставляют информацию о проценте выполнения программ ответственным за ту или иную стратегию.
3. Подготовка отчетов. На основании полученных данных, происходит оценка достижения стратегических целей и формируются отчеты руководству, необходимые для контроля выполнения и корректировки стратегии университета.

На данном этапе проходит стыковка ССП с существующими системами учета и управления университета. Также на данном этапе разрабатываются и принимаются регламенты проведения сессий стратегического планирования, целью которых будет являться анализ фактических значений показателей и их отклонение от плановых, принятие решений по корректировке организационной структуры, ключевых процессов, плана мероприятий, карты целей, сбалансированных показателей, стратегии в целом.

Закрепление ССП в системе управления образовательным учреждением не заканчивается на этапе внедрения этой системы. Чтобы она эффективно работала, необходимо регулярно отслеживать изменения, происходящие в ВУЗе и на рынке ОУ, от чего-то отказываться, что-то добавлять. Для этого нужно адаптировать ССП к другим инструментам управления: системам бюджетирования и управленческого учета, системе мотивации и т.д. Изменения в системе показателей лучше всего проводить вместе с обсуждением результатов внедрения ССП. Первый пересмотр рекомендуется делать через два-три месяца. Далее периодичность пересмотра можно увеличивать.

Таким образом, внедренная в систему управления образовательного учреждения ССП, может явиться ключевым инструментом повышения эффективности деятельности, несомненно, будет способствовать устойчивому долгосрочному развитию данной организации.

В данной главе мы дали подробные методические рекомендации по разработке системы стратегического планирования и ССП для ВУЗа, которые в свою очередь позволят университету оперативно реагировать на быстро изменяющиеся условия на рынке образовательных услуг.

9. Заключение

Несмотря на то, что большинство руководящих составов университетов пришли к пониманию необходимости применения стратегического управления вузом в условиях рыночной экономики, до сих пор не существует не только практических рекомендаций по внедрению стратегического управления в вузах, но и комплексного теоретического подхода к решению этих задач.

По данной причине возникла задача разработки методических рекомендации по созданию системы стратегического планирования вуза и системы показателей его деятельности, как основы обеспечения соответствия результатов деятельности вуза требованиям рынка, повышения качества и конкурентоспособности образовательных услуг вуза на рынке образовательных услуг.

В процессе работы над книгой перед нами была поставлена цель: разработать методические рекомендации по созданию в вузе системы стратегического планирования и управления с использованием системы сбалансированных показателей.

Для достижения поставленной цели были решены следующие задачи:

1) проведен анализ образовательного учреждения, а именно были выявлены цели, задачи, функции, области деятельности;

2) проанализирована существующая система стратегического планирования и используемые показатели деятельности образовательного учреждения;

3) выявлены недостатки существующих стратегических планов как ВУЗа, так и факультетов (кафедр) и разработаны рекомендации по построению системы стратегического планирования вуза;

4) проанализированы связи показателей с целями деятельности ВУЗа и разработаны рекомендации по обеспечению сбалансированности показателей по стратегическим целям;

5) разработаны подходы к совершенствованию механизма применения ССП, в частности, предложена дополнительная проекция - «Условия устойчивого существования на рынке образовательных услуг университета», внедрения и использования ССП;

6) разработаны методические указания по построению системы стратегического планирования и управления вуза с использованием ССП.

Таким образом, разработанные нами рекомендации позволят повысить эффективность работы, качество и конкурентоспособность ВУЗа на рынке образовательных услуг, обеспечить основу для организации стратегического планирования, оценки результатов деятельности вуза и их соответствия требованиям рынка. Мы полагаем, что предлагаемый подход к управлению позволит университету обеспечить стратегическую конкурентоспособность, а также быстро адаптироваться к изменяющимся современным условиям рынка.

Приложение А

Показатели достижения целей по проекции «Условия устойчивого существования на рынке ОУ»

Проекции	Частные цели	Показатели
Условия устойчивого существования на рынке ОУ (что необходимо предпринимать, чтобы удержаться на лидирующих позициях?)	1.Развитие системы качества образования НИУ «МЭИ» и востребованности ОУ; 2. Обеспечение конкурентоспособности и лидирующего положения НИУ «МЭИ» на рынке ОУ	1.-кол-во дипломов о повышении квалиф-ии преподавателей (свидетельств), -кол-во разрабатываемых программ,соответствующих общегос.стандартам качества; 2.-кол-во человек на место при поступлении в НИУ «МЭИ»; -мониторинг качества знаний студентов и выпускников
Финансы (что будет достигнуто по финансам?)	1.Финансовая устойчивость; 2.Эффективное использование госбюджета; 3.Повышение доходов от экспорта ОУ и грантов.	1.-доходы НИУ «МЭИ» из всех источников от образовательной и научной деятельности в расчете на одного НПР(млн.руб); -доля вн/б финансирования в доходах НИУ «МЭИ» от образов-ой и научной деят-ти.; 2. исполнение госбюджета (%); 3. % доходов от экспорта ОУ и грантов.
Клиенты (что получат студенты, работодатели, гос-во?)	1.Установление системных и устойчивых связей с предприятиями промышленности, работодателями, фирмами; 2. Увеличение экспорта/импорта ОУ; 3. Расширение связей с университетами мира	1.-кол-во студентов, устроившихся по специальности в организации,с которыми сотрудничает «МЭИ»; -кол-во работодателей,которые преподают в НИУ «МЭИ»; 2.кол-во студентов, обучающихся по взаимообмену с другими ВУЗами(отеч., зарубежными); 3.число совместных проектов
Внутренние процессы (какие процессы необходимо запустить?)	1.Совершенствование образовательной деятельности для кадрового обеспечения энергетики и др. высокотехнологичных отраслей экономики; 2.Реализация совместных межд.образов. программах; 3. Реализация совместных межд.научных программ.	1.кол-во курсов для ППС; 2.кол-во обучающихся, кол-во МОП; 3.% выполнения плана-графига программ;
Инфраструктура/ сотрудники (как будет развиваться персонал и инфраструктура?)	1.Развитие единой информационно-коммуникационной среды ОУ; 2. Повышение квалификации ППС; 3.Повышение результативности и эффективности научной инновационной деятельности по ПНР.	1.кол-во авторефератов, дипломных работ, научно-исследовательских работ; 2.кол-во курсов, количество сотрудников, имеющих научную степень; 3.кол-во НИР(выигранные гранты фед. целевых программ).

Приложение Б

Показатели достижения целей по проекции «Финансы»

Проекции	Частные цели	Показатели
Условия устойчивого существования на рынке ОУ (что необходимо предпринимать, чтобы удержаться на лидирующих позициях?)	1. Позитивный имидж НИУ «МЭИ» как экономически стабильной организации; 2. Обеспечение конкурентоспособности и лидирующего положения НИУ «МЭИ» на рынке ОУ	1.кол-во публикаций имеджевой напрвленности (СМИ,конференции,семинары,Интернет,компания); 2.-кол-во человек на место; -число выпускников устроившихся на работу по специальности; -скорость продвижения по служебной лестнице, должность/год
Финансы (что будет достигнуто по финансам?)	1. Финансовая устойчивость; 2. Эффективное использование госбюджета; 3. Рост доходов от реализации платных ОУ и научных разработок;	1. -доходы НИУ «МЭИ» из всех источников от образовательной и научной деятельности в расчете на одного НПР(млн.руб);-доля вн/б финансирования в доходах НИУ «МЭИ» от образовательной и научной деят-ти; 2. исполнение госбюджета,%; 3. доходы, млн.руб.
Клиенты (что получат студенты, работодатели, гос-во?)	1. Эффективное распределение бюджетных средств по подразделениям НИУ «МЭИ» 2. Увеличение самофинансирования; 3.Совершенствование фин.программы для студентов; 4. Внедрение НИОКР в производство	1.% распределения бюджетных средств по подразделениям (отчет подразделений по использованию бюджетных средств); 2.коэффициент самофинансирования, %; 3.рост кол-ва договоров на платное обучение, % к предыдущ.году; 4.Объем НИОКР для производства, % от общего объема(кол-во заключенных договоров на НИР для предприятий)
Внутренние Процессы (какие процессы необходимо запустить?)	1. Организация контроля за фин. деятельностью (фин.планов, бюджетов и фин.анализ); 2.Совершенствование управления доходов и расходов; 3. Контроль за ценообразованием на ОУ	1.ежеквартальный отчет; 2.ежеквартальный отчет; 3.отчет по маркет. исследованиям,расчет цены за образовательные услуги, млн.руб.
Инфраструктура/ сотрудники (как будет развиваться персонал и инфраструктура?)	1.Совершенствование фин. менеджмента; 2. Расширение информац.-коммуникац.системы ; 3. Повышение квалифицированного персонала; 4. Развитие инфраструктуры для научно-производственной и инновационной деятельности	1.организация и проведение, курсов, тренингов по фин.менедж-ту (план,график) аттестация фин. работников; 2.АИС(мониторинг), шт.; 3.доля научно-педагогических работников МЭИ, имеющих ученое звание или ученую степень, %; 4.число научных лабораторий, кол.

Приложение В

Показатели достижения целей по проекции «Клиенты»

Проекции	Частные цели	Показатели
Условия устойчивого существования на рынке ОУ (что необходимо предпринимать, чтобы удержаться на лидирующих позициях?)	1. Создание высокого имиджа НИУ «МЭИ»; 2. Востребованность выпускников НИУ «МЭИ» и признание высокого качества выпускаемых специалистов	1.кол-во публикаций имиджевой направленности (СМИ,конференции,семинары,Интернет); 2. -число выпускников устроившихся на работу по специальности; -скорость продвижения по служебной лестнице, должность/год
Финансы (что будет достигнуто по финансам?)	1. Финансовая устойчивость; 2. Эффективное использование госбюджета; 3. Увеличение внебюджетных средств	1. -доходы НИУ «МЭИ» из всех источников от образовательной и научной деятельности в расчете на одного НПР(млн.руб);-доля вн/б финансирования в доходах НИУ «МЭИ» от образовательной и научной деят-ти; 2.исполнение госбюджета, %; 3.увеличение вн/б средств, млн.руб.
Клиенты (что получат студенты, работодатели, гос-во?)	1. Создание новых конкурентоспособных образовательных программ и услуг; 2. Выполнение целевой подготовки кадров по заказам предприятий; 3. Удовлетворение потребности предприятий в трудовых ресурсах и образов. услугах	1.число новых образовательных программ и услуг, соотвествующих высоким стандартам качества ОУ; 2.план приема по целевой подготовке, %; 3.план по распределению выпускников по заказам предприятий и организаций, %
Внутренние Процессы (какие процессы необходимо запустить?)	1. Маркетинговые исследования потенциальных потребителей 2. Реализация качественных образовательных услуг	1.отчет по маркетинговым исследованиям; 2.-% востребованности выпускников; -мониторинг качества знаний среди учащихся.
Инфраструктура/ сотрудники (как будет развиваться персонал и инфраструктура?)	1. Развитие материальной базы учебно-воспитательного процесса; 2. Обучение ППС новым образовательным технологиям	1. -% выполнения заявок подразделений; -уровень оснащения учебного процесса; -уровень обеспеченности современным техническим оборудованием; 2.кол-во курсов для ДО.

Приложение Г

Показатели достижения целей по проекции «Внутренние процессы»

Проекции	Частные цели	Показатели
словия устойчивого существования на рынке ОУ нто необходимо предпринимать, чтобы держаться на лидирующих позициях?)	1. Повышение конкурентоспособности и востребованности научно-инновационной деятельности НИУ «МЭИ»; 2. Интеграция ученых МЭИ в мировое научное сообщество	1.объем высокотехнологичеой продукции, созданной в инновационной структуре НИУ «МЭИ», млн.руб; 2.кол-во международных конференций с участием ученых МЭИ
Финансы (что будет достигнуто по финансам?)	1. Финансовая устойчивость; 2. Эффективное использование госбюджета; 3. Увеличение доходов от НИОКР	1.-доходы НИУ «МЭИ» из всех источников от образовательной и научной деятельности в расчете на одного НПР(млн.руб);-доля вн/б финансирования в доходах НИУ «МЭИ» от образов-ой и научной деят-ти; 2. исполнение госбюджета, %; 3.объем НИР, % к предыдущ. году
Клиенты то получат студенты, работодатели, гос-во?)	1.Внедрение результатов НИОКР в учебный процесс НИУ «МЭИ»	1.Внедренные из числа завершенных НИР, %
Внутренние процессы акие процессы необходимо запустить?)	1. Активизация научно-инновационной деятельности; 2. Развитие информационных ресурсов НИУ «МЭИ»; 3. Внедрение прогрессивных форм и методов обучения, науч.исследований и разработок	1.кол-во заявок на НИР в рамках ФЦП; 2.число разработанных программ; 3.% внедрения прогрессивных форм и методов обучения
Инфраструктура/ сотрудники (как будет развиваться персонал и инфраструктура?)	1. Развитие кадрового потенциала науки и инноваций НИУ «МЭИ» ; 2. Создание и модернизация научно-учебных лабораторий, оснащение ВУЗа учебно-лабораторным оборудованием мирового уровня	1.-% НПР и ИТП от 30-49 лет; -% ППС и сотр. пов. квал. в междунар. центре; -% НПР с уч. степенью доктора наук/кандидата наук; 2.-кол-во лабораторий,оснащенных; оборудованием мирового уровня

Приложение Д

Показатели достижения целей по проекции «Инфраструктура/сотрудники)»

Проекции	Частные цели	Показатели
Условия устойчивого существования на рынке ОУ (что необходимо предпринимать, чтобы удержаться на лидирующих позициях?)	1. Повышение имиджа НИУ «МЭИ» как современного вуза с развитой телекоммун-й инфраструктурой; 2. Расширение сферы доступа к образ.услугам, образ. и научно-информац. ресурсам НИУ «МЭИ», публичным сетевым серверам через сеть Интернет	1.среднее число посетителей портала НИУ «МЭИ» за сутки, кол.; 2. % пользователей образ. и научно-информац. ресурсам НИУ «МЭИ».
Финансы (что будет достигнуто по финансам?)	1. Финансовая устойчивость; 2. Сокращение издержек по эксплуатации АИС	1. -доходы НИУ «МЭИ» из всех источников от образовательной и научной деятельности в расчете на одного НПР(млн.руб);-доля вн/б финансирования в доходах НИУ «МЭИ» от образов-ой и научной деят-ти; 2.повышение ИТ компетенции сотрудников и преподавателей НИУ «МЭИ» (курсы,семинары,мастер-класс);
Клиенты (что получат ст-ты, работодатели, гос-во?)	1. Выполнение гос.требований к показателям уровня развития ИКТ; 2. Электронный канал взаимодействия между работодателями и выпускниками; 3. Расширение возможностей доступа к корпоративной сети НИУ «МЭИ»; 4. Развитие дистанционное обучение	1.комплексная оценка университетских АС,баз данных,знаний(по результатам опроса пользователей); 2.увеличение суммарного объема систем хранения данных,%; 3.кол-во проводных точек подключения к корпорат-ой сети; 4.кол-во студентов занимающихся на дистанционной формой обучения
Внутренние Процессы (какие процессы необходимо запустить?)	1. Повышение ИТ компетенции сотрудников и преподавателей; 2. Развитие корпоративной сети	1.тестирование сотрудников и преподавателей на знание ИТ; 2. кол-во проводных точек подключения к корпорат-ой сети
Инфраструктура/ сотрудники (как будет развиваться персонал и инфраструктура?)	1. Развитие автоматизированных информац. систем; 2. Создание новых инструментов для эффективных исследований и научных работ, образовательной деятельности; 3. Создание базы данных по инновационным технологиям	1.комплексная оценка состояния развития АИС на основе анализа числовых опросных данных; 2.ежегодное уточнение и утверждение ежегодных отчетных планов; 3.кол-во инновационных технологий, входящих в базу данных

Приложение Е

Сравнительная характеристика показателей достижения целей

Проекции	Частные цели НИУ «МЭИ»	Показатели НИУ «МЭИ»	Частные цели разработанные нами	Показатели разработанные нами
Удовлетворение потребности общества и государства в квалифицированных специалистах с высшим профессиональным образованием (ВПО) и научно-педагогических кадрах высшей квалификации для энергетики и других высокотехнологичных отраслей экономики				
словия устойчивого существования на рынке ОУ (что необходимо редпринимать, чтобы удержаться на лидирующих позициях?)	-	-	Развитие системы качества образования в НИУ «МЭИ» и востребованности ОУ	- кол-во дипломов о повышении квалификации преподавателей(свидетельств),кол-во разрабатываемых программ, соответствующих общегос.стандартам качества.
	-	-	Обеспечение конкурентоспособности и лидирующего положения НИУ «МЭИ» на рынке ОУ в РФ	-кол-во человек на место при поступлении в НИУ «МЭИ»; -мониторинг качества знаний студентов и выпускников
Финансы что будет достигнуто по финансам?)	-	-	Финансовая устойчивость	-доходы НИУ «МЭИ» из всех источников от образовательной и научной деятельности в расчете на одного НПР(млн.руб);-доля вн/б финансирования в доходах НИУ «МЭИ» от образов-ой и научной деят-ти
	-	-	Эффективное использование госбюджета	- исполнение госбюджета (%)
	-	-	Повышение доходов от экспорта ОУ и грантов	- % доходов от экспорта ОУ и грантов.
Клиенты что получат студенты, аботодатели, гос-во?)	Установление системных и устойчивых связей с предприятиями промышленности, работодателями, фирмами	-кол-во студентов, устроившихся по специальности в организации, с кот-ми сотрудничает «МЭИ»;- кол-во работодателей,которые преподают в НИУ «МЭИ»	+	+
	-	-	Увеличение экспорта/импорта ОУ	- кол-во студентов, обучающихся по взаимообмену
	-	-	Расширение связей с университетами мира	-число совместных проектов
Внутренние Процессы (какие процессы необходимо запустить?)	Совершенствование образовательной деятельности для кадрового обеспечения энергетики и др. высокотехнологичных отраслей экономики	- кол-во курсов для ППС	+	+

	-	-	Реализация совместных межд. образовательных программ	- кол-во обучающихся, кол-во МОП
	-	-	Реализация совместных межд.научных программ	-% выполнения плана-графика программ
Инфраструктура/ сотрудники (как будет развиваться персонал и инфраструктура?)	-	-	Развитие единой информационно-коммуникационной среды ОУ	- кол-во авторефератов, дипломных работ,научно-исследовательских работ
	-	-	Повышение квалификации ППС	- кол-во курсов, количество сотрудников, имеющих научную степень
	Повышение результативности и эффективности научной инновационной деятельности по ПНР	- кол-во НИР(выигранные гранты фед.целевых программ)	+	+
Обеспечение экономической устойчивости НИУ «МЭИ» в рыночных условиях				
Условия устойчивого существования на рынке ОУ (что необходимо предпринимать, чтобы удержаться на лидирующих позициях?)	-	-	Позитивный имидж НИУ «МЭИ» как экономически стабильной организации	- кол-во публикаций имеджевой напрвленности(СМИ,конференции, семинары, Интернет, компания)
	-	-	Обеспечение конкурентоспособности и лидирующего положения НИУ «МЭИ» на рынке ОУ	- кол-во человек на место -число выпускников устроившихся на работу по специальности; -скорость продвижения по служебной лестнице, должность/год
Финансы (что будет достигнуто по финансам?)	-	-	Финансовая устойчивость	-доходы НИУ «МЭИ» из всех источников от образовательной и научной деятельности в расчете на одного НПР(млн.руб);-доля вн/б финансирования в доходах НИУ «МЭИ» от образовательной и научной деятельности
	-	-	Эффективное использование госбюджета	- исполнение госбюджета, %
	-	-	Рост доходов от реализации платных ОУ и науч.разработок	- доходы, млн. руб.
Клиенты (что получат студенты, работодатели, гос-во?)	-	-	Эффективное распределение бюджетных средств по подразделениям НИУ «МЭИ»	-% распределения бюджетных средств по подразделениям(отчет подразделений по использованию бюдж.-ых средств)
	-	-	Увеличение самофинансирования	- доля самофинансирования,%
	-	-	Совершенствование фин. программы для студентов	- рост кол-ва договоров на платное обучение, % к предыдущ.году
	-	-	Внедрение НИОКР в производство	- объем НИОКР для производства, % от общего объема(кол-во заключенных договоров на НИР для предприятий)
Внутренние Процессы (какие процессы необходимо запустить?)	-	-	Организация контроля за фин.деятельностью (фин. планов, бюджетов и фин.анализ)	- ежеквартальный отчет
	-	-	Совершенствование управления доходами и расходами	- ежеквартальный отчет
	-	-	Контроль за ценообразованием на ОУ	- отчет по маркет. исследованиям, расчет цены за образовательные услуги, млн.руб.

Инфраструктура/ сотрудники ак будет развиваться персонал и инфраструктура?)	-	-	Совершенствование фин.менеджмента	
	-	-	Расширение информац.-коммуникац.системы	-АИС (мониторинг), шт.
	-	-	Повышение квалифицированного персонала	- доля научно-педагогических работников МЭИ, имеющих ученое звание или ученую степень,%
	-	-	Развитие инфраструктуры для научно-производственной и инновационной деятельности	- число научных лабораторий
оздание экономических, организационных и информационных механизмов взаимовыгодной интеграции сферы ВПО с потенциальными потребителями знаний и работодателями				
словия устойчивого существования на рынке ОУ (что необходимо редпринимать, чтобы удержаться на лидирующих позициях?)	-	-	Создание высокого имиджа НИУ «МЭИ»	- кол-во публикаций имиджевой направленности (СМИ,конференции,семинары, Интернет)
	-	-	Востребованность выпускников НИУ «МЭИ» и признание высокого качества выпускаемых специалистов	-число выпускников устроившихся на работу по специальности; -скорость продвижения по служебной лестнице, должность/год
Финансы что будет достигнуто по финансам?)	-	-	Финансовая устойчивость	-доходы НИУ «МЭИ» из всех источников от образовательной и научной деятельности в расчете на одного НПР(млн.руб);-доля вн/б финансирования в доходах НИУ «МЭИ» от образовательной и научной деят-ти
	-	-	Эффективное использование госбюджета	- исполнение госбюджета, %
	-	-	Увеличение внебюджетных средств	- доля вн/б средств, %
Клиенты іто получат студенты, аботодатели, гос-во?)	-	-	Создание новых конкурентоспособных образовательных программ и услуг	- число новых образ-х программ и услуг, соответв. высоким стандартам качества ОУ
	-	-	Выполнение целевой подготовки кадров по заказам предприятий	- план приема по целевой подготовке, %
	-	-	Удовлетворение потребности предприятий в трудовых ресурсах и образов. услугах	- план по распределению выпускников по заказам предприятий и организаций, %
Внутренние Процессы (какие процессы необходимо запустить?)	-	-	Маркетинговые исследования потенциальных потребителей	- отчет по маркетинговым исследованиям
	-	-	Реализация качественных образовательных услуг	-% востребованности выпускников; -мониторинг качества знаний среди учащихся.
Инфраструктура/ сотрудники как будет развиваться персонал и инфраструктура?)	-	-	Развитие материальной базы учебно-воспитательного процесса	-% выполнения заявок подразделений; -уровень оснащения учебного процесса; -уровень обеспеченности современным техническим оборудованием
	-	-	Обучение ППС новым образовательным технологиям	- кол-во курсов для ДО
оздание системы генерации и распространения новых знаний, конкурентоспособных методов, технологий, инновации и совершенствование образовательной деятельности для кадрового обеспечения энергетики и других высокотехнологичных отраслей				

Условия устойчивого существования на рынке ОУ (что необходимо предпринимать, чтобы удержаться на лидирующих позициях?)	-	-	Повышение конкурентоспособности и востребованности научно-инновационной деятельности НИУ «МЭИ»	- объем высокотехнологичеой продукции, созданной в инновационной структуре НИУ «МЭИ», млн.руб
	-	-	Интеграция ученых МЭИ в мировое научное сообщество	- кол-во международных конференций с участием ученых МЭИ
Финансы (что будет достигнуто по финансам?)	-	-	Финансовая устойчивость	-доходы НИУ «МЭИ» из всех источников от образовательной и научной деятельности в расчете на одного НПР(млн.руб);-доля вн/б финансирования в доходах НИУ «МЭИ» от образовательной и научной деят-ти
	-	-	Увеличение доходов от НИОКР	-доходы от НИОКР, %
	-	-	Эффективное использование госбюджета	- исполнение госбюджета, %
Клиенты (что получат студенты, работодатели, гос-во?)	-	-	Внедрение результатов НИОКР в учебный процесс	- внедренные из числа завершенных НИР, %
Внутренние Процессы (какие процессы необходимо запустить?)	-	-	Активизация научно-инновационной деятельности	- кол-во заявок на НИР в рамках ФЦП
	-	-	Развитие информационных ресурсов НИУ «МЭИ»	- число разработанных программ
	-	-	Внедрение прогрессивных форм и методов обучения, науч.исслед-й и разработок	-% внедрения прогрессивных форм и методов обучения
Инфраструктура/ сотрудники (как будет развиваться персонал и инфраструктура?)	-	-	Развитие кадрового потенциала науки и инноваций НИУ «МЭИ»	-% НПР и ИТП от 30-49 лет; -% ППС и сотр. пов. квал. в междунар.центре; -% НПР с уч. степенью
	-	-	Создание и модернизация научно-учебных лабораторий, оснащение ВУЗа учебно-лабораторным оборудованием мирового уровня	-кол-во лабораторий,оснащенных оборудованием мирового уровня; -число модернизированных лабораторий
Развитие информационно-телекоммуникационной инфраструктуры соответствующей уровню лучших российских университетов и обеспечивающей условия для реализации инновационной модели развития НИУ «МЭИ», постоянного повышения качества образования и научных исследований				
Условия устойчивого существования на рынке ОУ (что необходимо предпринимать, чтобы удержаться на лидирующих позициях?)	-	-	Повышение имиджа НИУ «МЭИ» как современного вуза с развитой телекоммун-й инфраструктурой	- среднее число посетителей портала НИУ «МЭИ» за сутки,кол.
	-	-	Расширение сферы доступа к образ.услугам, образ. и научно-информац. ресурсам НИУ «МЭИ», публичным сетевым серверам через сеть Интернет	- % пользователей образ. и научно-информац. ресурсам НИУ «МЭИ»
Финансы (что будет достигнуто по финансам?)	-	-	Финансовая устойчивость	-доходы НИУ «МЭИ» из всех источников от образовательной и научной деятельности в расчете на

				одного НПР(млн.руб);-доля вн/б финансирования в доходах НИУ «МЭИ» от образов-ой и научной деят-ти
	-	-	Сокращение издержек по эксплуатации АИС	-кол-во курсов (семинаров) для повышения ИТ компетенции сотрудников и преподавателей НИУ «МЭИ»
Клиенты о получат студенты, ботодатели, гос-во?)	-	-	Выполнение гос.требований к показателям уровня развития ИКТ	- комплексная оценка университетских АС, баз данных, знаний(по результатам опроса пользователей)
	-	-	Электронный канал взаимодействия между работодателями и выпускниками	- увеличение суммарного объема систем хранения данных,%
	-	-	Расширение возможностей доступа к корпоративной сети НИУ «МЭИ»	-кол-во проводных точек подключения к корпорат-ой сети
Внутренние Процессы (какие процессы необходимо запустить?)	-	-	Повышение ИТ компетенции сотрудников и преподавателей	- тестирование сотрудников и преподавателей на знание ИТ
	-	-	Развитие корпоративной сети	- кол-во проводных точек подключения к корпорат-ой сети
Инфраструктура/ сотрудники к будет развиваться персонал и инфраструктура?)	-	-	Развитие автоматизированных информац. систем	- комплексная оценка состояния развития АИС на основе анализа числовых опросных данных
	-	-	Создание новых инструментов для эффективных исследований и научных работ, образовательной деятельности	- ежегодное уточнение и утверждение ежегодных отчетных планов
	-	-	Создание базы данных по инновационным технологиям	- кол-во инновационных технологий, входящих в базу данных

Приложение Ж

Стратегическая карта целей для каф. «ЭКО» НИУ «МЭИ»

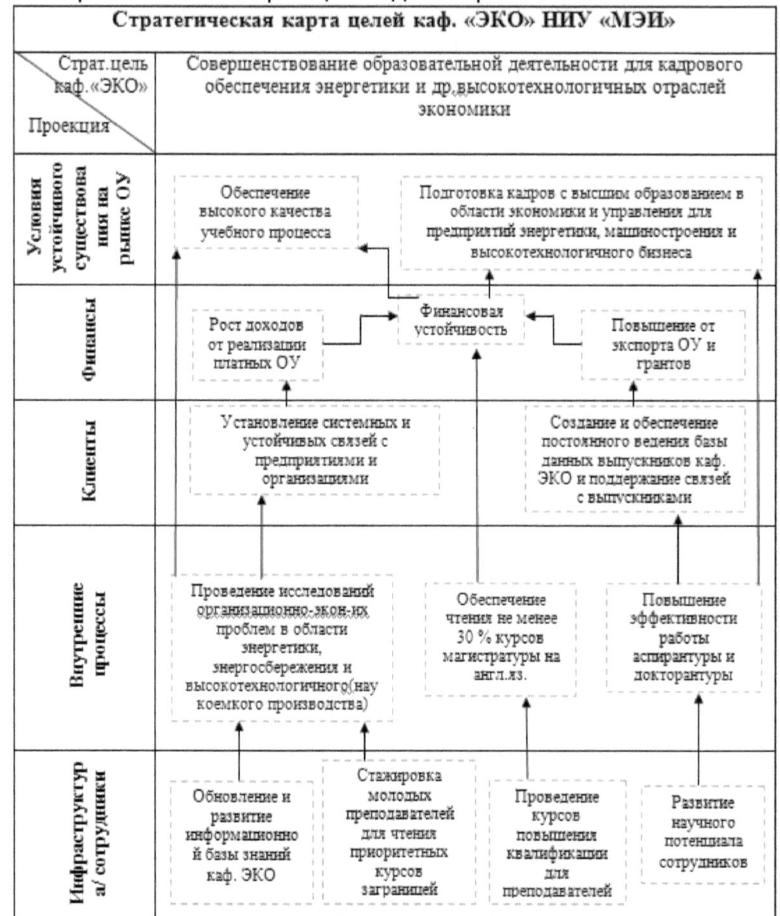

Приложение 3

Показатели каф. «ЭКО» достижения целей по проекции «Внутренние процессы»

Проекции	Частные цели	Показатели
Условия устойчивого существования на рынке ОУ (что необходимо предпринимать, чтобы удержаться на лидирующих позициях?)	1. Обеспечение высокого качества учебного процесса; 2. Подготовка кадров с высшим образованием в области экономики и управления для предприятий энергетики, машиностроения и высокотехнологичного бизнеса	1.-мониторинг качества знаний студентов,отчет; -анализ работы преподавателей,отчет; 2. -число выпускников устроившихся на работу по специальности в крупные компании; -скорость продвижения по служебной лестнице, должность/год
Финансы (что будет достигнуто по финансам?)	1.Финансовая устойчивость; 2. Рост доходов от реализации платных ОУ; 3. Повышение от экспорта ОУ и грантов.	1.уровень доходов/уровень расходов(млн.руб); 2.доход, млн.руб.; 3.% доходов от экспорта ОУ и грантов.
Клиенты (что получат студенты, работодатели, гос-во?)	1. Установление системных и устойчивых связей с предприятиями и организациями; 2. Создание и обеспечение постоянного ведения базы данных выпускников каф. ЭКО и поддержание связей с выпускниками	1.-кол-во студ-в, устроившихся по специальности в организации,с которыми сотрудничает каф. «ЭКО»;-кол-во работодателей,которые преподают на каф. «ЭКО»;-число совместных проектов; 2.мониторинг карьерного роста выпускников
Внутренние процессы (какие процессы необходимо запустить?)	1. Проведение исследований организационно-экономических проблем в области энергетики, энергосбережения и высокотехнологичного (наукоемкого) производства; 2. Развитие дистанционной формы обучения; 3. Обеспечение чтения не менее 30 % курсов магистратуры на англ.яз. 4. Повышение эффективности работы аспирантуры и докторантуры	1.мониторинг проведенных исследований,отчет; 2.разработка и контроль за учебными программами дистанционного обучения 3.-кол-во разработанных программ на англ.яз; -число преподавателей,владеющих англ.яз; 4.кол-во аспирантов,докторантов,защитивших диссертации в установленные сроки
Инфраструктура/ сотрудники (как будет развиваться персонал и инфраструктура?)	1. Обновление и развитие информационной базы знаний каф. ЭКО; 2. Стажировка молодых преподавателей для чтения приоритетных курсов за границей; 3. Повышение квалификации преподавателей путем стажировок в ведущих экон. ВУЗах; 4. Развитие научного потенциала сотрудников	1.кол-во разработанных учебно-методических комплексов; 2.-график стажировки молодых преподавателей за границей;-отчеты преподавателей после стажировки; 3.план стажировки преподавателей и их отчеты; 4.доля НПР кафедры ЭКО, имеющих ученое звание/степень

Список литературы:

1. Федеральный Закон РФ "О высшем и послевузовском профессиональном образовании", ст. 2, п. 3. 4 «Итоги». - 1999. - № 28 (113),(действующая редакция от 01.02.2012) - С. 57.
2. Постановление Правительства РФ от 14 февраля 2008 г. N 71 "Об утверждении Типового положения об образовательном учреждении высшего профессионального образования (высшем учебном заведении)"
3. Стратегии развития российских вузов: ответы на новые вызовы/ Под науч. ред. Н.Л. Титовой – М. : МАКС Пресс, 2008. – 668 с.
4. http://www.consultant.ru/popular/education/94_2.html ©КонсультантПлюс, 1992-2013
5. Федеральная целевая программа развития образования на 2011-2015 годы, утвержденная постановлением Правительства Российской Федерации от 7 февраля 2011.
6. Л.В. Кожитов, С.Г. Емельянов, В.А. Демин, П.А. Златин, А.А. Лиев, И.Р. Плеве, Кожитов С.Л. Инновации в образовании: Монография. – М.: Курский государственный технический университет, 2010
7. Д. В. Пузанков, В.Ф. Рябов, А. Н. Мамонтов. Система стратегического планирования развития университета // Университетское управление № 2(21), 2002
8. Е.А. Князев. Об университетах и их стратегиях // Университетское управление: практика и анализ № 4, 2005
9. Стратегическое и финансовое планирование в вузах. Международный опыт. http://www.ecorys.ru/ ООО «ЭКОРИС-НЭИ»
10. Л. Гайнуллина, Ю. Камашева. Построение вузовской системы гарантии качества образования // Высшее образование в России №9, 2007
11. А.А. Никулин. Развитие системы стратегического управления негосударственным вузом: теоретические и практические аспекты : диссертация на соискание ученой степени доктора экономических наук - Москва, 2011. - 277 с.
12. А. Болотов, Н. Ф. Ефремова. Система оценки качества российского образования // Педагогика, № 1, 2006.
13. Е.Ю. Васильева. Удовлетворенность работодателей качеством подготовки выпускников вузов в высоко-технологичном секторе рынка труда // Университетское управление: практика и анализ №4, 2010
14. Ю.С. Авраамов. Проблемы оценки качества высшего профессионального образования // Аккредитация в образовании №20, 2008
15. С.В. Волгина. Управление ключевыми компетенциями в системе мер обеспечения конкурентоспособности вуза на рынке

образовательных услуг : диссертация на соискание ученой степени кандидата экономических наук - Ростов-на-Дону, 2010. - 186 с.
16. Е.Г. Ерлыгина. Совершенствование управления системой высшего образования в структуре экономики региона: на примере Владимирской области : диссертация на соискание ученой степени кандидата экономических наук - Владимир, 2009. - 161 с.
17. Л.В. Коновалова. Внедрение сбалансированной системы показателей в практику управления вузом: на материалах ГОУ ВПО "Северный государственный медицинский университет" : диссертация на соискание ученой степени кандидата экономических наук - Архангельск, 2010. - 142 с.
18. К.С. Солодухин. Разработка методологии стратегического управления вузом на основе теории заинтересованных сторон : диссертация на соискание ученой степени доктора экономических наук - Москва, 2011. - 293 с.
19. А.Е. Лешин. Механизм формирования сбалансированной системы показателей стратегического развития муниципального образования: диссертация на соискание ученой степени кандидата экономических наук - Владимир, 2011. - 195 с.
20. М.А. Федотова. Формирование и использование сбалансированной системы показателей для управления реализацией стратегии организации: диссертация на соискание ученой степени кандидата экономических наук - Москва, 2012. - 168 с.
21. У.Р. Мусин. Использование сбалансированной системы показателей для разработки и реализации программ развития муниципальных образований: диссертация на соискание ученой степени кандидата экономических наук - Уфа, 2007. - 160 с.
22. А.С. Терешенков. Управление промышленным предприятием на основе сбалансированной системы показателей: диссертация на соискание ученой степени кандидата экономических наук - Нижний Новгород, 2008. - 138 с.
23. Стратегии развития российских вузов: ответы на новые вызовы/ Под науч. ред. Н.Л. Титовой – М.: МАКС Пресс, 2008. – 668 с.
24. Р. Каплан, Д. Нортон. Сбалансированная система показателей. М.: Олимп-Бизнес, 2003
25. Р. Каплан, Д. Нортон. Сбалансированная система показателей. От стратегии к действию: Пер. с англ. – М.: ЗАО «Олимп-Бизнес», 2004
26. Р. Каплан, Д. Нортон. Стратегические карты: Трансформация нематериальных активов в материальные результаты. – М.: ЗАО «Олимп-Бизнес», 2005
27. Л. В. Ляшева. Маркетинг образовательных услуг // Образование, № 4, 2010.
28. Е. А. Матвеева. Маркетинговые исследования рынка услуг в сфере

высшего профессионального образования (по материалам Калининградской области) : дис. канд. экон. наук. – Калининград, 2010. – с.112.
29. В.С. Катькало. Эволюция теории стратегического менеджмента. 2 издание.- СПб.: Высшая школа менеджмента. 2008
30. Р. Каплан, Д. Нортон. Стратегическое единство. Создание синергии организации с помощью сбалансированной системы показателей.- Изд-во «Вильямс», 2006.
31. С. М. Аракелян. Вузы учатся строить бизнес // Ученый Совет. - 2009. -№12. - с. 40-42.
32. А. Г. Белобородов. Главный результат работы вуза - востребованность его выпускников // Аккредитация в образовании. - 2009. - №34. - с. 48-49.
33. А. О. Грудзинский, А. Б. Бедный. Трансфер знаний - функция инновационного университета // Высшее образование в России. - 2009. - №9. - с. 66-71.
34. Курс MBA по стратегическому менеджменту / Под ред. Л. Фаэйя, Р. Рэнделла: Пер. с англ. – 4-е изд. – М.: Альпина Бизнес Букс, 2007. – 587 с.
35. П.Ф. Друкер. Практика менеджмента. Пер. с англ.: - М.: Издательский дом «Вильямс», 2006. – 400 с.
36. Н. Переверзев. Управление предприятием с помощью системы Balanced Scorecard. // Финансовый директор, № 3. 2007.
37. А.В. Клименко, Н.Д. Рогалев. Университеты в современном мире: модели образования, организации научных исследований, технологических инноваций. – М.: Издательство МЭИ, 2005.
38. Н.Д. Рогалев, Е.М. Табачный, Г.Н. Курдюкова, Е.Ю. Абрамова. Формирование моделей подготовки специалистов для инновационной экономики. – М: Издательский дом МЭИ, 2010.
39. И.И. Малова. Проблемы оценки и использования нематериальных активов в Сбалансированной системе показателей компании // Экономика. Управление. Культура. Выпуск 15: сб. науч. статей. - М.: ГУУ, 2008 – 259с.
40. Е.А. Прищенко. Совершенствование управления компанией с помощью сбалансированной системы показателей на основе бюджетирования. // Вестник НГУ, 2008. - том 8, выпуск 3. – с. 74-80.
41. Е.М. Лисин, Е.Ю. Абрамова. Современные системы и технологии подготовки специалистов для глобальной экономики. // Образовательные системы Евросоюза и Российской Федерации: переспективы развития и сотрудничества, Карлов Университет в Праге, 2012 - с. 65-117.
42. В. Стриелковски, Е.М. Лисин, Е.Ю. Абрамова, Е. Шеликова. Проблемы оценки критериев качества высшего образования: анализ опыта ЕС и России. // Маркетинг, менеджмент и

организация производства в сфере образования в условиях стран бывшего Советского Союза и Восточной Европы, Карлов Университет в Праге, 2013 — с. 6-19.
43. С.П. Бараненко, М.Н. Дудин, Н.В. Лясников. Стратегический менеджмент. Учебно-методический комплекс, Центрполиграф, 2010.
44. Х.Р Фридаг, В. Шмидт. Сбалансированная система показателей. Омега-Л, 2011.
45. В.В. Баум, В.Н. Чистохвалов, В.М. Филиппов. Система зачетных единиц (кредитов) как один из инструментов признания квалификаций: Учебное пособие - М: РУДН, 2008.
46. О.Т. Богомолов. Мировая экономика в век глобализации – М.: Экономика, 2007
47. В.П. Демкин, Г.В. Можаева (2003). Организация учебного процесса на основе технологий дистанционного обучения – Материалы федерального образовательного портала «Информационно-коммуникационные технологии в образовании».
48. D. Bok. Universities in the Marketplace:The Commercialization of Higher Education – Princeton: Princeton University Press, 2003
49. W. Strielkowski. Higher education system in the Czech Republic and the place of private-owned Universities in this system: the case study of College of Economics and Management (VSEM) - European Journal of Business and Economics, Vol. 1, 2010 - p. 7-14.

Strategic planning in education
Стратегическое планирование в образовании

Alina Krotova, Elena Abramova, Evgeny Lisin, Wadim Strielkowski

Кротова А.О., Абрамова Е.Ю., Лисин Е.М., Стриелковски В.

Published by the Charles University in Prague
Faculty of social sciences
Издательство Карлова Университета в Праге
Факультет общественных наук

Smetanovo nábř. 6, 110 01
Praha 1, Czech Republic
www.fsv.cuni.cz

ISBN 978-80-87404-44-7

First edition
Первое издание

Prague 2013
Прага 2013

www.ingramcontent.com/pod-product-compliance
Ingram Content Group UK Ltd.
Pitfield, Milton Keynes, MK11 3LW, UK
UKHW041931190726
13854UKWH00004B/1543

9 788087 404447